BASTELSPASS

Sabine Lohf

111 tolle Rollen

Lustige Bastelideen mit Papprollen rund ums Jahr

OZ creativ

Basteln fast umsonst 6

Bastelmaterialien im Überblick 8

Oft verwendete Materialien 10

Checkliste fürs Basteln 11

Frühling

Familie Hase 12
Kleiner Hasenfratz · Große Hasen-Frida 14
Kuschel-Küken · Hubert Hahn 16
Gacker-Huhn · Hampel-Hühnchen 18
Rasender Hase · Bimmelbahn 20
Häschen aus der Tüte · Wer hat die schönsten Schäfchen? 22
Lustige Eierbande · Hasen-Königs-Paar 24
Summ herum, kleine Biene! · Hummel brummt am Himmel 26
Rudi Raupe · Schmetterling, kleines Ding! 28
Kleiner Glückskäfer · Glitzerling 30
Emma Ente · Froschkönig 32
Glückwunsch-Blumen · Wunderblume 34

Sommer

Hungriger Löwe · Giraffe Langhals 36
Wer trifft den König! · Der kleine Knopffresser 38
Goldi Goldfisch · Waldi Walfisch 40
Piraten am Leuchtturm · Auf großer Dampferfahrt 42
Paulchen, der Pirat · Schi-Scha-Schaukelboot 44
Schweinchen Rosa · Kuh Karoline 46
Leo Löwe · Elli Elefant 48
Wer schlängelt da? · Komm mit zum Regenbogen! 50
Seiltänzerin · Der kleine Turnverein 52
Königsfamilie · Königsschloss 54
Mutiger Ritter · Feuerdrache 56
Hoppe, Hoppe, Reiter! · Pferdchen lauf Galopp! 58

Herbst

Maulwurf Grabowski · Kletterspinne 60
Zi-Za-Zauberspaß 62
Hixi, Hexenkind · Flieg, kleine Hexe! 64
Fledermäuse · Fliegender Vampir 66
Kleiner Tütengeist · Gleich schlägt's 12! 68
Mondrakete · Düsenjäger 70
Hubschrauber · Sportflugzeug 72
Kleine Maus · Kater Karlo 74
Kleiner Bär · Großer Tanzbär 76
Klingelkasper · Fingerfiguren 78
Freund Füchslein · Besuch im Pilzwald 80
Kleine Eule · Stolzer Pfau 82

Winter

Überraschungsgans · Oh, Tannenbaum! 84
Überraschungswichtel · Wer sitzt denn da? 86
Kleiner Schneemann · Tanzpinguin 88
Tanzender Eisbär · Ski-Wettrennen 90
Komm heraus, Nikolaus! · Wichtelfrau 92
Leuchtender Tannenbaum · Wichtelmann 94
4 Apfelmännchen · Luzia, das Lichtmädchen 96
Kommt ein Wichtel geflogen · Klingelzwerg 98
Was blüht denn da? · Fliegende Engelchen 100
Kleiner Sternenengel · Großer Kerzenengel 102
Schneller Weihnachtsmann · Rudi Rentier 104
Märchenstadt · Könige aus dem Morgenland 106
Weihnachtskrippe 108

Herstellerverzeichnis 110
Impressum 110

Basteln fast umsonst

Haushaltsrollen, Klorollen, Versandrollen, Faxpapierrollen, diese Rollen findet man in fast jedem Haushalt und sie sammeln sich schnell an. Und das Schöne an den Rollen ist, dass sie nichts kosten. Größere Rollen findet man in Teppichgeschäften oder Möbelhäusern. Auf Nachfrage bekommt man die Rollen meist geschenkt. Braucht man einmal sehr viele Rollen für größere Aktionen und fragt in der Nachbarschaft danach, bekommt man schnell einige Kisten dieses günstigen Bastelmaterials zusammen.

Es bedarf nicht vieler Dinge, die Rollen neu zu gestalten. Für diese Hasenfamilie zum Beispiel reichen Farben, Pinsel, Stoffreste, Klebstoff, um die Rollen zu verwandeln.

Die Rollen lassen sich nicht nur mit Stoff, sondern auch mit Filz, Federn, Buntpapier, Perlen und vielem mehr bekleben. So entstehen aus einer eher unscheinbaren grauen Papprolle sogar kuschelige Hühner, ein Maulwurf, Pferde, Eisbären, Käfer, Spinnen, lustige Figuren wie Zauberer, ein Vampir, Hexen und vieles mehr.

Mit den Rollen kann man das ganze Jahr über basteln. Im Frühjahr entstehen daraus Hasen, Insekten oder Blumen. Für den Sommer kann man Spiele für draußen basteln, Schiffe, einen Leuchtturm und eine Burg.

Spinnen, Vampire und kleine Geister sind Vorlagen für den Herbst. Im Winter kann man einen Tannenbaum aus den Rollen basteln, der gleichzeitig auch ein Adventskalender ist, aber auch Engel und Weihnachtsmänner, um nur einige Beispiele aus diesem Buch zu nennen.

Die Bastelmodelle in diesem Buch haben unterschiedliche Schwierigkeitsgrade, die jeweils durch kleine Sonnensymbole kenntlich gemacht sind.

Leichte Bastelarbeiten, die auch von den Kleinen bewältigt werden können, haben eine Sonne erhalten.

Etwas anspruchsvollere Modelle, die bereits etwas mehr Geschick im Umgang mit Schere, Stift oder Pinsel erfordern, sind durch zwei Sonnen gekennzeichnet.

Drei Sonnen haben die Basteleien erhalten, die in erster Linie für Schulkinder gedacht sind.

Grundsätzlich sind aber alle hier gezeigten Modelle mit Hilfe von Erwachsenen oder etwas älteren Kindern problemlos auch von jüngeren Kindern zu bewältigen.

Fangen Sie schon einmal an, Rollen in verschiedenen Größen und Längen zu sammeln! Es kommt manchmal gar nicht so sehr darauf an, die genauen Maße, die hier zum Teil im Buch angegeben sind, zu übernehmen. Lassen Sie die Kinder die Rollen einfach einmal zusammenlegen, damit spielen oder die Rollen einfach anmalen. Wer weiß, was daraus entsteht. Dieses Buch ist vielleicht nur der Einstieg in noch mehr Ideen mit Rollen.

Viel Spaß beim Basteln wünscht Ihnen
und Ihrem Kind
Sabine Lohf

Bastelmaterialien im Überblick

Versandrollen

Versandrollen gibt es in verschiedenen Durchmessern und in verschiedener Stärke. Je nachdem, wie dick die Pappe ist, lassen sich die Rollen mit einem Cutter, einem Brotmesser oder bei besonders dicker Pappe mit einer kleinen Säge in verschieden lange Stücke schneiden. Löcher kann man mit einem Handholzbohrer in die Rollen bohren. Hierbei müssen auf jeden Fall Erwachsene helfen.

Haushaltsrollen und Klorollen

Diese Rollen lassen sich mit Schere oder Cutter auf die gewünschte Länge zuschneiden. Diese Rollen können auch schon kleinere Kinder mit einer Kinderschere bearbeiten. Diese Rollen kann man schneiden, biegen und zusammenkleben. Wie auch die Versandrollen lassen sich alle Rollen gut bemalen.

Faxpapierrollen

Sie sind dünner als alle anderen Rollen, nur oft schwer zu bekommen, außerdem sind die Rollen oft aus harter Pappe und etwas schwieriger zu bearbeiten. Deshalb ist es besser, man kauft in einem Bastelgeschäft dünne Rollen oder bestellt sie zum Beispiel bei einem Fachhandel. Die Fingerpuppen auf Seite 78 sind aus solchen Rollen gemacht. Diese Rollen lassen sich problemlos mit der Schere in passende Stücke schneiden.

Wattekugeln

Wattekugeln werden in diesem Buch oft verwendet. Es gibt sie in verschiedenen Größen und Farben. Hier wurden allerdings meistens weiße Kugeln verwendet. So kann man die die Kugeln passend zum Objekt bemalen oder bekleben.

Styroporkugeln

Styroporkugeln gibt es in sehr viel größeren Durchmessern als Wattekugeln. Man braucht sie, wenn man Köpfe in Versanrollen kleben möchte, so wie zum Beispiel bei dem Walfisch.

Wellpappe

Wellpappe ist ein Material, das sich gut formen lässt und außerdem nichts kostet. Sie lässt sich sehr gut bemalen und ist wegen der dreidimensionalen Wirkung auch für Collagen geeignet.

Märchenwolle oder Wolle

Märchenwolle ist ein reines Naturmaterial, nämlich mit Pflanzen gefärbte Schurwolle. Die einzelnen Wollstränge lassen sich gut formen, flechten, oder einfach ineinander verschlingen. Dieses Material eignet sich deshalb besonders gut zum Basteln für ganz kleine Kinder. Normale Strang-Wolle kann man gut als Haare, Bärte usw. verwenden.

Tonkarton und Tonpapier

Viele der hier im Buch aufgeführten Modelle haben Schnäbel, Füße oder Hüte aus Tonkarton oder Tonpapier. Tonkarton ist etwas stabiler, Tonpapier lässt sich dagegen von kleinen Kindern besser schneiden.

Pappen und Schachteln

Bei manchen Bastelarbeiten wird Pappe als Hinter- oder Untergrund benötigt. Sie lässt sich gut bemalen und es ist ganz einfach, mit Stecknadeln etwas darauf zu fixieren. Am einfachsten ist es, aus einer stabilen Verpackung mit dem Cutter ein passendes Stück zuzuschneiden. Diese Arbeit sollte aber ein Erwachsener übernehmen.

Klebstoffe

Bei den Bastelarbeiten in diesem Buch wurde Klebstoff auf Wasserbasis verwendet. Damit die Verbindungen besser halten, werden die Klebestellen zusätzlich mit Büroklammern fixiert, bis der Klebstoff getrocknet ist.

Oft verwendete Materialien

Filz

Bastelfilz ist in vielen Farben, unterschiedlichen Stärken und Bogengrößen erhältlich. Filz lässt sich gut schneiden und kleben. In diesem Buch sind viele der Figuren mit Filz beklebet.

Knetmasse

Knetmasse gibt es in vielen verschiedenen Farben. Weich geknetet kann man aus Knete Nasen, Augen oder Füße Formen. Knete gibt manchen Figuren auch Halt, wenn man die Knetmasse platt klopft und eine Rolle darin fixiert.

Perlen und Pailetten

Perlen werden oft für Augen oder Marionetten gebraucht. Man kann sie kleben, mit Stecknadeln an den Objekten feststecken, oder einfach annähen. Und Pailletten sind einfach noch eine schöne zusätzliche Dekoration für manche Basteleien.

Watte und Engelshaar

Was wären die vielen Zwerge und Weihnachtsmänner ohne Wattebärte und Haare? Mit diesen beiden Materialien kann man schon einfache Rollen in Zauberwesen verwandeln. Selbst, wenn das Material beim Kleben etwas fusselt.

Wäscheklammern

Wäscheklammern aus Holz sind in jedem Fall notwendig. Klammert man sie zum Beispiel an eine Rolle, hat man gleichzeitig Beine, auf denen die Rolle stehen kann. Aber noch wichtiger sind die Klammern, wenn man zum Beispiel Beine oder Arme aus Pappe an die Rollen kleben will. Hier klammert man sie einfach über die Klebestellen, bis der Klebstoff getrocknet ist. Nach dem Trocknen nimmt man die Klammern wieder ab und alles hält wunderbar.

Rollen aus Tonkarton

Und zum Schluss noch einen Tipp für den Fall, dass man einmal gar keine passenden Rollen zur Verfügung hat. Aus Tonkarton Streifen zuschneiden, aufrollen, bis die Rolle stabil genug ist. Die Kanten mit Klebstoff bestreichen. Dann in jede Rollenöffnung über die Klebestelle die oben schon erwähnten Wäscheklammen klammern. Nach dem Trocknen die Klammer abnehmen und schon hat man eine tolle Rolle.

Checkliste fürs Basteln

Arbeitsplatz

- ☐ Hat Ihr Kind genügend Licht zum Arbeiten?
- ☐ Kann Ihr Kind in einer anatomisch günstigen Sitzhaltung arbeiten?
- ☐ Hat Ihr Kind ausreichend Ruhe zum konzentrierten Arbeiten?
- ☐ Ist genügend Platz vorhanden, damit Ihr Kind die Bastelmaterialien um sich ausbreiten kann?
- ☐ Ist der Arbeitsplatz ausreichend durch Zeitungspapier, Wachstuch oder eine Plastikfolie geschützt, falls ein kleines Malheur passiert?
- ☐ Liegen alle benötigten Materialien bereit, damit Sie sich nicht zwischendurch auf die Suche nach Fehlendem machen müssen?

Planung

Wählen Sie die Bastelarbeiten auch unter dem Aspekt der Verfügbarkeit einer Betreuungsperson aus, damit die Arbeit nicht zur Enttäuschung Ihres Kindes aus Zeitgründen unterbrochen werden muss.

Hilfsmittel

Einige Hilfsmittel werden für praktisch alle Bastelarbeiten benötigt und sollten deshalb immer bereit liegen:

- ☐ Schere und Cutter
- ☐ Klebstoff und Klebefilm
- ☐ Transparentpapier zum Abpausen der Vorlagen
- ☐ Weicher und harter Bleistift
- ☐ Ggf. ein Falzbein zum leichteren Knicken von Karton

Hinweis zu Bastelmaterialien

Gerade für sehr kleine Kinder können Bastelmaterialien, ob gekauft oder gesammelt, gewisse Gefahren bergen. Achten Sie deshalb immer darauf, dass die Materialien keine scharfen Kanten haben, ungiftig sind, nicht verschluckt oder eingeatmet werden und auch nicht, wie z. B. bei Gummibändern und Schnüren, zum Abschnüren von Blutgefäßen führen können.

Bastelmaterial-Einkaufsliste

Zur Anfertigung von Bastelarbeiten werden meist einige grundlegende Materialien aus dem Bastelfachhandel benötigt:

- ☐ Tonkarton oder Tonpapier
- ☐ Buntpapier
- ☐ Krepp- und Seidenpapier
- ☐ Malstifte
- ☐ Wasser- und Bastelfarben
- ☐ Wolle, Märchenwolle, Watte
- ☐ Kordeln oder Dekobänder
- ☐ Nähgarn und Nadel für Aufhängungen
- ☐ Zahnstocher, Schaschlikspieße
- ☐ Bast, Perlen, Wattekugeln etc. laut jeweiliger Modell-Anleitung

Bastelmaterial-Sammelliste

Sinnvoll und kostensparend ist zudem die Anlage einer Bastelkiste für alle möglichen Dinge, die sich zum Basteln eignen:

- ☐ Holzstücke, Blätter, Kastanien, Eicheln, Tannenzapfen, Nussschalen, Moos, Steine, Muscheln, Federn etc.
- ☐ Eierkartons
- ☐ Kartonagen jeder Art (auch Waschmittelkartons)
- ☐ Stoff- und Filzreste
- ☐ Leere Streichholzschachteln und Küchenrollen
- ☐ Knöpfe, Sekt- oder Weinkorken etc.

Tipp

Damit Sie leicht einschätzen können, welche Bastelarbeiten für Ihr Kind geeignet sind oder wenn Sie mit Kindern unterschiedlichen Alters basteln, sind die Modelle in diesem Buch mit Sonnensymbolen versehen, die einen Hinweis auf die für die Anfertigung des jeweiligen Objekts notwendigen Fertigkeiten geben:

- ab ca. 2 Jahre knüllen, reißen ☼
- ab ca. 3 Jahre schneiden, kleben ☼☼
- ab ca. 5 Jahre falzen, zusammenfügen ☼☼☼

Familie Hase ☼☼

1. Von der Versandrolle mit dem Sägemesser zwei Stücke abschneiden (20 cm und 18 cm). Von einer Klorolle 2 cm abschneiden. Dann passend für jede Rolle zwei Ohren und Arme aus der Pappe ausschneiden.

2. Die Ohren in den Rollen festkleben. Nachdem der Klebstoff getrocknet ist, Rollen, Ohren und Arme mit brauner Farbe anmalen. Dort, wo die Hasenschnauzen sein sollen, das Braun mit etwas weißer Farbe aufhellen. Augen und Nase nach dem Trocknen mit Filzstiften aufmalen.

3. Aus Stoffresten für jeden Hasen Kleidung zuschneiden und direkt auf die Rollen kleben.

4. Die Arme auf die Kleider kleben und jedem Hasen um den Hals ein Stück Taftband knoten.

Material

- Klorollen
- 1 Versandrolle, ∅ ca. 7 cm
- Stoffreste, Schleifenband, Taftband
- Pappe
- Sägemesser, Schere, Klebstoff
- Marabu-BasicColor Farben, Pinsel, Filzstifte

Kleiner Hasenfratz ☼

1. Die Klorolle in der Mitte durchschneiden.

2. Dem Ei Ohren aus Packpapier ankleben und mit Filzstiften ein Gesicht aufmalen.

3. Das Ei in die Rolle setzen und eine kleine Krepppapierschleife um den Hals wickeln.

Große Hasen-Frieda ☼☼

1. Die beiden Haushaltsrollen seitlich an der Versandrolle mit Klebeband befestigen. Dabei das Band mehrmals um die Rollen wickeln. Darauf achten, dass die Rollen auch stehen können.

2. Einen Streifen von dem braunem Tonpapier oben um die Rolle kleben außerdem 2 Ohren und Arme aus demselben Papier ausschneiden.

3. Aus einem andersfarbigen Papier einen weiteren Streifen unter den Kopf kleben. Dann die Ohren oben in die Rolle kleben und die Arme seitlich an den Körper.

4. Die Beine mit Tonpapier bekleben. Dann einen großen Streifen Krepppapier als Rock in der Mitte des Körpers festkleben. Darüber ein Stück Schleifenband knoten.

5. Aus Pappe 2 Schuhe ausschneiden, bemalen und unter die Beine kleben. Danach die Schnauze aufmalen.

6. Frieda bekommt zum Schluss noch einen Kragen aus dem Rand eines Tortendeckchens um den Hals geklebt, eine Wattekugel als Nase und 2 Perlenaugen.

Material

Kleiner Hasenfratz
- 1 Klorolle
- etwas braunes Packpapier
- 1 hart gekochtes Ei
- Krepppapier
- Klebstoff, Schere , Filzstifte

Große Hasen-Frieda
- 1 Stück Versandrolle, ∅ 10 cm, 25 cm lang
- Haushaltsrollen
- Marabu-BasicColor in Weiß, Filzstift
- kleine Wattekugel, 2 Perlen, Schleifenband
- Tonpapier, Krepppapier, Pappe, Tortendeckchen
- Schere, Klebstoff, Klebeband

Kuschel-Küken ☼

1. Die Klorollen in der Mitte durchschneiden und mit gelber Märchenwolle bekleben.

2. Aus Filz für jedes Küken einen Kamm und einen Schnabel ausschneiden. Den Kamm jeweils in die oberen Ränder der Rollen kleben.

3. Jedem Küken 2 Perlenaugen aufkleben und etwas unterhalb der Augen die Schnäbel ankleben.

Hubert Hahn ☼☼

1. Die Rolle mit grüner Farbe bemalen und nach dem Trocknen mit Federn bekleben.

2. Holzwäscheklammern gelb anmalen und an die Rolle klammern. Zum besseren Halt Füße aus Tonkarton unter die Klammern kleben.

3. Aus Tonpapier Schnabel, Kehllappen und Kamm ausschneiden und an der Rolle festkleben. Augen aufmalen.

Material

Kuschel-Küken
- Klorolle
- Märchenwolle in Gelb
- Filz in Orange
- kleine Perlen
- Schere, Klebstoff

Hubert Hahn
- Klorolle
- Federn
- 2 Holzwäscheklammern
- Tonpapier in Orange, Rot
- Tonkarton in Gelb
- Marabu-BasicColor Farben, Pinsel
- Schere, Klebstoff

Hampel-Hühnchen ☼☼

1. Die Rolle mit Federn bekleben, einen Schnabel und einen Kamm aus Filz ankleben.

2. In den unteren Rand 2 Löcher mit dem Holzbohrer bohren. Durch diese 2 lange Fäden ziehen, Perlen auffädeln, und unter jedes Bein einen Filzfuß nähen. Vorne durch den Fuß jeweils einen weiteren langen Faden ziehen.

3. Durch den oberen Rand ebenfalls zwei lange Fäden ziehen und verknoten. Vorher wieder Löcher mit dem Bohrer vorbohren. Zum Spielen die Fadenenden um die Finger wickeln und das Hühnchen tanzen lassen, indem man die Finger bewegt.

Gacker-Huhn ☼☼

1. Die Rolle bemalen. In den oberen Rand 2 Löcher stechen und etwas tiefer noch einmal 4 Löcher für die Flügel. (Siehe Zeichnung!). Durch die oberen Löcher ein Gummiband ziehen, in den anderen Löchern die Flügel aus Tonpapier mit einem Faden befestigen.

2. Den Boden des Huhns zukleben, den Körper mit getrockneten Erbsen füllen und oben ebenfalls zukleben. Aus Tonkarton einen Kamm, Schnabel und Füße ausschneiden und an das Huhn kleben.

3. Durch die Flügelspitzen noch je ein langes Hut-Gummiband ziehen, die Gummibänder in die Hand nehmen und das Huhn auf und ab hüpfen lassen. Beim Hüpfen „gackern" dann die Erbsen.

Material

Gacker-Huhn
- Rolle, ∅ 7 cm, 10 cm lang
- Tonkarton, Federn, Gummiband
- getrocknete Erbsen
- Marabu-BasicColor Farben, Pinsel
- Nadel und Faden
- Schere, Klebstoff

Hampel-Hühnchen
- Rolle, ∅ 7 cm, 10 cm lang
- Perlen, Filz
- Federn
- Nadel und Faden
- Klebstoff, Schere, Holzbohrer

Rasender Hase ☼

1. Die Rolle anmalen. Danach 4 Knöpfe seitlich an die Rolle kleben und in die Mitte der Knöpfe etwas Silberfolie als Radkappen kleben.

2. Von dem Flaschenkorken mit dem Cutter ca. 1 cm abschneiden, Ohren für den Hasen aus Papier ausschneiden, braun anmalen und ankleben. Mit Bastelfarbe und Filzstiften ein Gesicht auf den Korken malen.

3. Den Korken auf die Rolle kleben. Die Arme aus Papier seitlich an den Korken anbringen. 2 Lampen aus Buntpapier an das Auto kleben.

Bimmelbahn ☼☼☼

1. Von der Versandrolle ein 15 cm langes Stück abschneiden und schwarz anmalen.

2. 4 der anderen Rollen rot anmalen, 1 schwarz, 1 braun. Die roten Rollen unter die große schwarze kleben, die braune etwas kürzer schneiden, ein Gesicht aufmalen. Ohren aus Tonpapier und beidseitig Arme ankleben. Dann auf die Bimmelbahn kleben.

3. Ein Stück Pappe blau bemalen, dann so knicken, dass es über den Hasen passt. Die unteren Enden mit der Schere etwas abrunden und festkleben. Eventuell mit Stecknadeln fixieren, bis der Klebstoff trocken ist. Oben ein Dach aus gelben Tonpapier aufkleben.

4. Die schwarze Rolle als Schornstein ankleben, oben etwas Watte hineinstecken. Davor noch eine kleine rote Rolle kleben, die man aus Tonpapier rollen kann.

Material

Rasender Hase
- Klorolle
- Tonpapier in Gelb, Blau
- Flaschenkorken
- Buntpapier, Silberfolie
- 4 Knöpfe
- Schere, Klebstoff, Cutter
- Marabu-BasicColor Farben, Pinsel, Filzstifte

Bimmelbahn
- 6 Klorollen
- 1 Stück Versandrolle, ∅ ca. 12 cm
- Pappe, Tonpapier in Gelb, Braun
- Watte
- Marabu-BasicColor Farben, Pinsel
- Schere, Klebstoff

Häschen aus der Tüte ☼☼

1. Den grünen Filz so zuschneiden, dass er um die Rolle passt. Die oberen Ränder gezackt einschneiden, dass es aussieht wie Gras. Dann das Filzstück und noch ein kleines gelbes Filzstück mit Zacken an den unteren Rand der Rolle kleben.

2. Das Styropor-Ei anmalen, Filzohren, Augen und Nase aus Perlen ankleben. Dann den Kopf auf den Holzstab stecken. Ein braunes Stück Filz unterhalb des Kopfes um den Stab wickeln, mit einem Stück Taftband festknoten.

3. Den Hasen in die Rolle stecken und den unteren Rand des Filzkleides im oberen Rollenrand festkleben. Wenn man den Holzstab auf und ab bewegt, kann man den Hasen nun auftauchen oder verschwinden lassen.

Wer hat die schönsten Schäfchen? ☼☼

1. Die Rollen in der Mitte durchschneiden und mit Watte bekleben. In jede Rolle 4 Streichholzbeine stecken. Dann die weißen Eier in die Öffnungen stecken, mit dem Filzstift Augen und Mund auf die Eier malen. Jedem Schäfchen dann 2 rosa Filzohren ankleben.

2. Eine Rolle mit braunem Filz bekleben, das braune Ei oben hineinstecken. Ohren aus Packpapier, eine Perlennase und einen Schnurrbart aus Sisalband ankleben.

3. Zwei braune Bastelfilzstücke zu Armen aufrollen und verkleben. Die Arme seitlich an den Hasen kleben. Einen kleinen Knopf oben an den Mantel und dem Hasen zum Schluss noch das Holzstöckchen in die Hand kleben.

Material

Häschen aus der Tüte
- Rolle, ∅ 7 cm, 10 cm lang
- Filz, Schleifenband, Perlen
- Styropor-Ei, Holzstab, ∅ 0,5 cm, 25 cm lang
- Marabu-BasicColor Farben, Pinsel
- Klebstoff, Schere

Hasenschäfer und Schäfchen
- 3 Klorollen
- 5 hart gekochte Eier (1 braunes, 4 weiße)
- Holzstöckchen, Streichhölzer
- Watte, Bastelfilz, kleiner Knopf
- etwas Packpapier
- 1 Perle, kleines Stück Sisalband
- Klebstoff, Schere

Lustige Eierbande ☼

1. Für die Maus und den Elefanten aus Packpapier Ohren, einen Rüssel und einen Dreiviertelkreis ausschneiden. Die Teile an die Eier kleben. Der Elefant bekommt Stoßzähne aus weißem Papier, die Maus einen Schnurrbart.

2. Der Hase bekommt weiße Papierohren, einen Bart aus Draht und eine Schleife aus Buntpapier. Dem Vogel eine Feder und einen Schnabel aus rotem Papier ankleben. Der Opa hat Haare aus Watte und eine kleine Brille aus gebogenem Draht.

3. Allen Eier-Figuren mit Filzstiften Augen und Münder aufmalen und dann jeweils in ein Stück Rolle stecken.

Hasen-Königs-Paar ☼☼

1. Aus Papier die Ohren ausschneiden und an die Eier kleben. Über die Ohren jeweils eine Krone aus Gold- oder Silberfolie kleben. Mit dem Filzstift Augen und Nase aufmalen.

2. Die Rollen mit Filz bekleben. Die Königin bekommt an den oberen Rand der Rolle ein Stück von dem Tortendeckchen geklebt, der König ein Stück weißen Filz. Auf den Filz mit dem Filzstift schwarze Punkte malen.

3. Die Eier oben in die Rollen kleben. Aus Filz Arme aufrollen, an den Kanten zusammen- und seitlich an die Rollen kleben.

Material

Lustige Eierbande
- Papp-Rollen
- hart gekochte Eier, weiß und braun
- Buntpapier, Packpapier,
- etwas Draht, 1 Perle, Watte, Feder
- Filzstifte
- Klebstoff, Schere

Hasen-Königs-Paar
- 2 Klo-Rollen
- 2 hart gekochte Eier
- Packpapier, Filzstifte
- Gold- und Silberfolie
- Filz, Tortendeckchen, etwas Tüll
- Schere, Klebstoff

Summ herum, kleine Biene! ☼☼☼

1. Die Holzperle schwarz grundieren, dann ein Gesicht aufmalen und die Perle auf den Holzstab stecken. Unter die Perle einen Streifen gelbes Krepppapier kleben. Zusätzlich ein Stück Folie darüber binden und wie Flügel zuschneiden.

2. Rolle grün anmalen und die Biene mit dem Holzstab in die Rolle stecken. Den unteren Rand des gelben Papiers in der Rolle festkleben. Mit dem schwarzen Filzstift Streifen auf das Papier malen.

3. Aus Tonpapier eine Blüte und Blätter ausschneiden und an die Rolle kleben. Wenn man den Stab auf und ab bewegt, erscheint die Biene oder verschwindet in der Blüte.

Hummel brummt am Himmel ☼☼

1. Die Rolle mit Klebstoff bestreichen und abwechselnd mit gelber und schwarzer Wolle umwickeln. In eine Öffnung die schwarz angemalte Wattekugel und in die andere etwas Watte kleben. Ein Stück Folie in der Mitte zusammendrehen und als Flügel an die Hummel kleben oder nähen.

2. Pfeifenputzer in 6 gleiche Teile schneiden. Mit dem Handbohrer 6 Löcher in die Hummel bohren und die Pfeifenputzer hineinstecken. 2 kleine Pfeifenputzer als Fühler in den Kopf der Hummel stecken.

3. Ein kleines Stück Tonpapier mittig ins Gesicht der Hummel kleben, Augen aufmalen. Wenn man die Hummel auf einen Holzstab steckt, kann man sie gut als Blumenstecker verwenden.

Material

Blumen mit Biene

- Haushaltsrolle
- Holzperle, Holzstab, der in die Perle passt, ca. 30 cm lang
- Krepppapier, Buntpapier, Klarsichtfolie, etwas Blumendraht
- Marabu-BasicColor Farben
- Pinsel, Filzstifte, Klebstoff

Hummel brummt am Himmel

- Klorolle
- Wattekugel, ∅ ca. 45 mm
- Wolle, Watte
- etwas rotes Papier, transparente Folie
- Pfeifenputzer, kleiner Holzbohrer
- Marabu-BasicColor Farben, Pinsel, Klebstoff

Rudi Raupe ☼

1. Die Rolle mit Klebstoff bestreichen und mit Wolle umwickeln. Ein paar Pailletten auf die Raupe kleben.

2. Der Holzperle ein Gesicht aufmalen und die Perle in die Rolle kleben.

3. Einen Wollfaden in eine Stopfnadel fädeln, die 10 kleinen Perlen der Reihe nach auffädeln und an der Raupe festnähen.

Schmetterling, kleines Ding! ☼☼

1. Mehrere Bögen Seidenpapier mit Kleister bestreichen (siehe Herstellerangaben) und Schicht für Schicht übereinander kleben (6-8 Bögen). Den letzten Bogen wieder mit Kleister bestreichen und die Pailletten darauf streuen. Dann alles gut trocknen lassen.

2. Die Rolle mit dem Regenbogenpapier bekleben. Die Wattekugel anmalen und oben in die Rolle kleben. Auf Blumendraht je eine Perle auffädeln, den Draht zusammendrehen und oben in den Kopf stecken.

3. Aus dem getrockneten Seidenpapier Flügel ausschneiden und den Schmetterlingskörper in die Mitte kleben. 2 Füße aus Tonpapier in die Rolle kleben und den Schmetterling auf einen Holzstab stecken. So kann er sich im Wind drehen.

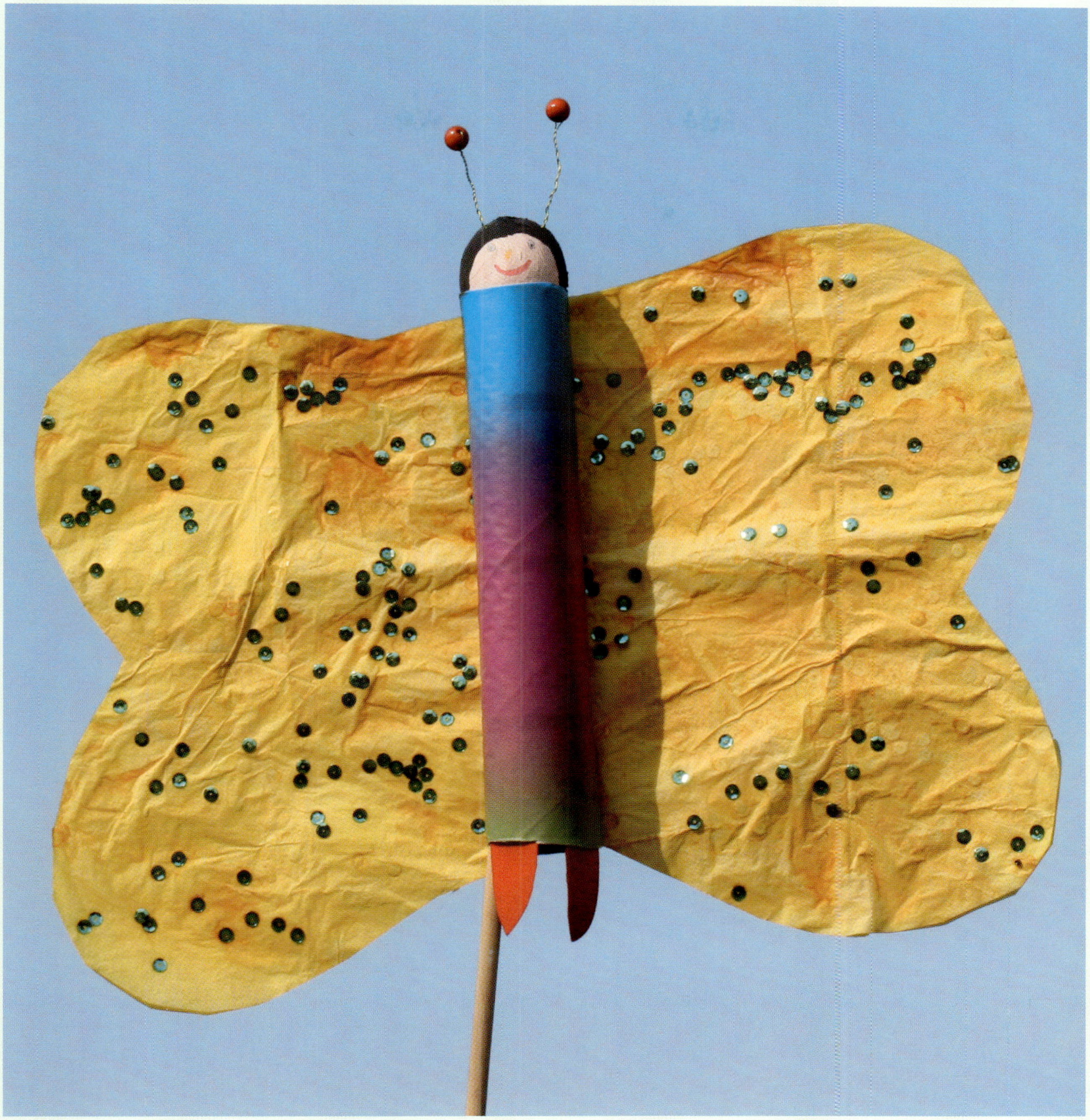

Material

Rudi Raupe

- Papprolle, ∅ ca. 2 mm
- Holzperle, ∅ 2,5 cm
- 10 kleine rote Holzperlen
- Wolle, Pailletten
- Nadel, Faden, Klebstoff
- Marabu-BasicColor Farben, Pinsel

Schmetterling

- Haushaltsrolle, Wattekugel
- Regenbogenpapier, Seidenpapier
- Tonpapier
- 2 Perlen, Pailletten, Blumendraht
- Tapetenkleister, Plastikunterlage, Holzstab
- Marabu-BasicColor Farben, Pinsel, Klebstoff

Kleiner Glückskäfer

1. Die Wattekugel schwarz anmalen. Nach dem Trocknen einen Mund und Augen aufmalen. Aus Filz Fühler ankleben.

2. Die Rolle hinten etwas schräg abschneiden und mit rotem Filz bekleben. Den Kopf in die Rolle kleben und aus schwarzem Filz ein Dreieck hinten auf den Körper kleben. Punkte mit dem Filzstift aufmalen.

3. 6 Zahnstocher als Beine in den Körper stecken. Auf die Enden jeweils eine Perle stecken.

Glitzerling

1. Die Rolle bis auf den oberen Rand mit Goldspray besprühen. Nach dem Trocknen auf den oberen Rand der Rolle ein Gesicht malen. Die restliche Rolle dann mit Fun Liner Glitter verzieren.

2. Ein Stück Krepppapier wie eine Ziehharmonika falten. Mit dem Cutter in 2 gegenüberliegende Seiten der Rolle zwei Schlitze schneiden. Das gefaltete Krepppapier durch die Schlitze schieben und dann an den Kanten auseinander ziehen.

3. Eine Krone aus goldenem Krepppapier ausschneiden und ankleben. Jeweils eine Perle auf ein Stück Blumendraht ziehen, den Draht zusammendrehen und die Drahtenden im oberen Rand der Rolle befestigen.

Material

Glückskäfer
- Papprolle
- Wattekugel
- Filz, Zahnstocher, Perlen
- Marabu-BasicColor Farben, Pinsel, Filzstift
- Klebstoff, Schere

Glitzerling
- Haushaltsrolle
- Krepppapier
- Marabu-do it-Colorspray in Gold, Marabu-BasicColor Farben, Pinsel
- Marabu-FunLiner Glitter
- Blumendraht, 2 Perlen
- Cutter

Emma Ente ☼

1. Von einer Rolle ungefähr ein Drittel abschneiden. Das wird der Entenkopf. Mit der Schere einen Schnabel aus dem Rollenstück herausschneiden. Den Schnabel orange anmalen.

2. Die zweite Rolle mit gelbem Tonpapier bekleben und den Kopf, bis auf den Schnabel, ebenfalls mit Tonpapier bekleben.

3. Aus Moosgummi Beine ausschneiden und unter die Ente kleben. Den Kopf an den Körper kleben. Dabei den Kopf bis zum Trocknen des Klebstoffs mit einer Wäscheklammer fixieren.

Froschkönig ☼

1. Die Wattekugel in die Rolle kleben und alles grün anmalen. Dann den Körper mit gelben Punkten verzieren.

2. Aus Moosgummi Arme und Beine zuschneiden. Die Beine so zuschneiden, dass die Öffnung der Rolle verdeckt wird. Alle Teile ankleben.

3. 2 Perlenaugen ankleben, das Froschmaul aufmalen. Eine Krone aus Goldfolie ausschneiden und dem Frosch auf den Kopf kleben.

Material

Ente
- 2 Papprollen
- Tonpapier in Gelb
- Moosgummi in Orange
- Marabu-BasicColor Farben, Pinsel
- Schere, Klebstoff

Froschkönig
- Klorolle
- Wattekugel
- Moosgummi in Grün
- 2 Perlen, Goldfolie
- Marabu-BasicColor Farben, Pinsel
- Schere, Klebstoff

Wunderblume ☼☼

1. Die Rolle mit einem Streifen grünen Krepppapiers umwickeln und an der oberen und unteren Kante festkleben. Außerdem seitlich an die Rolle ein paar Blätter aus Krepppapier kleben.

2. Die Wattekugel nun ganz mit den Pailletten bekleben.

3. Einen breiten Streifen rosa Krepppapier an einer Seite unten zusammenfassen und oben wie eine Blüte auseinander ziehen. Außen um diese Blüte noch eine Schicht Seidenpapier wickeln. Alles unten zusammenfassen, eventuell noch mit Klebeband umwickeln.

4. Die Blüte oben in der Rolle festkleben. In die Mitte der Blüte die Paillettenkugel kleben. Dann die Blume in einen Topf mit Erde stellen.

Glückwunsch-Blumen ☼

1. Die Rollen in der Mitte mit der Schere durchschneiden und dann anmalen. Aus Pappe einen Kreis ausschneiden und unter die Rolle kleben.

2. Die rote Blüte aus Filz ausschneiden und mit Perlen besticken. Für die blaue Blüte einen Pappkreis ausschneiden und mit Pailletten bekleben. Die Blüten sowie Blätter aus Krepppapier an die Pfeifenputzer kleben.

3. Auf dem inneren Rollenboden etwas Knete anbringen. In der Knete die Blumen feststecken.

Material

Glückwunsch-Blumen
- Papprollen
- Pfeifenputzer
- Pappe, Filz, Krepppapier
- Perlen, Pailletten, Knete
- Nadel, Faden, Klebstoff
- Marabu-BasicColor Farben, Pinsel, Schere

Wunderblume
- Haushaltsrolle
- Wattekugel
- Pailletten, Stecknadeln
- Krepppapier, Seidenpapier
- Schere, Klebstoff
- Blumentopf

Hungriger Löwe ☼☼

1. Einen Streifen Tonkarton so zuschneiden, dass er genau um die Rolle passt. Dann den Streifen um die Rolle kleben.

2. Für das Löwengesicht aus Tonkarton einen Kreis ausschneiden, dessen Durchmesser größer als der der Rolle ist (siehe Foto). Aus diesem Kreis einen weiteren Kreis als Maulöffnung ausschneiden. Dann das Gesicht auf die Rolle kleben.

3. Rings um das Gesicht eine Mähne aus Wolle kleben. Ohren ankleben, eine Nase und Augen aufmalen. Spitze Zähne aus weißem Papier ausschneiden und in das Maul kleben.

4. Füße aus Tonkarton und einen Kreis für die hintere Öffnung der Rolle ausschneiden. Die Füße unter die Rolle kleben und zum Schluss die hintere Öffnung mit der Kartonscheibe schließen.

Giraffe Langhals

1. In die eine Seite der Versandrolle einen Halbkreis schneiden, in den sich die Haushaltsrolle gut einfügt. Diese Rolle an einer Seite so einschneiden, dass ein Streifen entsteht. Diesen Streifen hochklappen, auf den Rücken der Versandrolle kleben.

2. 2 Klorollen als Beine unter die Versandrolle kleben. Ein Stück von der dritten Klorolle abschneiden, in eine Seite einen kleinen Schlitz schneiden. Rechts und links davon seitliche Einschnitte anbringen, die Streifen nach außen biegen und in dem Hals der Giraffe festkleben.

3. Die Giraffe mit gelber Farbe anmalen und darauf braune Flecken malen. 2 Ohren aus gelbem Tonpapier ausschneiden, an den Kopf kleben und 2 Streichhölzer als Hörner oben in den Kopf stecken. Ein Gesicht aufmalen, dann Sisalband als Schwanz ankleben.

Material

Löwe

- 1 Stück Versandrolle, ∅ 10 cm, 12 cm lang
- gelber Tonkarton, etwas weißes Papier
- gelbe Wolle
- Marabu-BasicColor Farben, Pinsel
- Schere, Klebstoff
- Murmeln zum Spielen

Giraffe

- 1 Stück Versandrolle, ∅ 8 cm, 12 cm lang
- 1 Haushaltsrolle
- 3 Klorollen
- gelbes Tonpapier
- 2 Streichhölzer, 1 Stück Sisalband
- Marabu-BasicColor Farben, Finsel
- Klebstoff, Schere

Wer trifft den König!

1. Die Haushaltsrollen mit Tonpapier bekleben: oben einen Streifen für die Gesichter, darunter einen Streifen für die Kleider. Mit Filzstiften Augen, Nase und Mund aufmalen.

2. Für 2 der Figuren Papierhüte falten, dem König eine Krone aus Goldfolie ausschneiden und ankleben. Dann jeder Figur eine Zahl auf den Bauch pinseln. Der König bekommt natürlich die höchste Zahl! Die Figuren in einen bemalten Kartondeckel kleben.

3. Aus Tonkarton Ringe ausschneiden. Mit den Ringen auf die Figuren zielen. Wer trifft den König?

Der kleine Knopffresser

1. Mit dem Cutter einen großen Mund in die Rolle schneiden.

2. Die Figur anmalen, dabei den Mund mit roter Farbe umranden. Knopfaugen und eine Wattekugel als Nase ankleben.

3. Wollhaare oben in den Rand der Rolle kleben. Um den oberen Rand einen Streifen Krepppapier als Mütze kleben und oben mit einem Band zubinden.

4. Zum Spielen den Knopffresser aufstellen und versuchen, Knöpfe in das Maul zu schnipsen. Dabei mit dem Zeigefinger kräftig auf den Rand des Knopfes drücken.

Material

Wer trifft den König?

- 3 Haushaltsrollen
- Buntpapier, Tonkarton, Goldfolie
- 1 Kartondeckel, ca. 30 mal 40 cm
- Klebstoff, Schere
- Marabu-BasicColor Farben, Pinsel, Filzstifte

Der kleine Knopffresser

- Papprolle, ∅ ca. 14 cm, 20 cm hoch
- Wolle, Wattekugel
- Krepppapier, Taftband, Knöpfe
- Schere, Cutter, Klebstoff
- Marabu-BasicColor Farben, Pinsel

Goldi Goldfisch

1. Das Styropor-Ei in die Rolle kleben. Alles anmalen und die Farbe trocknen lassen.

2. Aus dem Tonpapier einen Schwanz und Flossen für den Fisch zuschneiden. Aus der Goldfolie Schuppen ausschneiden. Alles an den Fisch kleben.

3. Aus Tonpapier Augen ausschneiden, mit dem Filzstift eine Pupille in die Mitte malen und die Augen ankleben.

4. Mit der Nadel einen Faden durch den Fisch ziehen und diesen vor einem gemalten Hintergrund oder im Fenster aufhängen.

Waldi Walfisch

1. Die Styroporkugel in die Rolle kleben, den Klebstoff trocknen lassen und dann alles anmalen. Dabei dem Wal ein großes Maul mit Zähnen aufmalen.

2. Aus der Folie Schuppen ausschneiden und auf den Wal kleben. Aus Tonpapier eine Schwanzflosse ausschneiden und in der Rolle anbringen.

3. Dann wie schon beim Goldfisch mit einer Nadel einen Faden durch die Rolle ziehen und den Wal daran aufhängen.

Material

Goldfisch
- 1 Klorolle
- 1 Styropor-Ei
- Tonpapier, Goldfolie
- Filzstift, Nadel und Faden
- Klebstoff, Schere
- Marabu-BasicColor Farben, Pinsel

Walfisch
- 1 Stück Versandrolle
- 1 Styroporkugel, die in die Folle passt
- Tonpapier, Glitzerfolie
- Schere, Klebstoff
- Marabu-BasicColor Farben, Pinsel

Piraten am Leuchtturm

1. Die Rolle abwechselnd mit roten und weißen Papier-Streifen bekleben. Fenster und Tür aus Buntpapier aufkleben. Für das Dach einen Dreiviertelkreis ausschneiden, an den Kanten zusammen- und auf die Rolle kleben.

2. Auf kleine Rollenstücke die Wattekugeln als Köpfe kleben und alles bemalen. Kleine Hüte aus Papier falten und den Piraten auf die Köpfe kleben.

3. Dreiecke aus weißem Papier an die Zahnstocher kleben und als Segel in den Innenteilen der Streichholzschachteln mit einem Stück Knete befestigen.

4. Den Kartondeckel mit blauer Farbe anmalen, Folie als Wellen darüber legen. An einer Kartonseite Sand aufschütten und darin den Leuchtturm aufstellen. An den hinteren Deckelrand Büsche aus Papier kleben.

Auf großer Dampferfahrt

1. Die Milchtüte gut ausspülen und trocknen lassen. Mit dem Cutter eine Längsseite herausschneiden. Dann mehrmals mit weißer Farbe besprühen.

2. Die verschiedenen Rollen bemalen und in das Boot kleben. Über die große Rolle ein Dach aus Wellpappe kleben.

3. Aus Buntpapier Fenster und Bullaugen ankleben und etwas Watte als Rauch in den Schornstein stecken.

Tipp:

Anstelle der kleinen Schachtelboote kann man auch Papierschiffchen falten.
Hört man bei 8 auf zu falten, hat man einen Hut, wer weiter faltet bekommt ein Boot.

Material

Piraten am Leuchtturm
- Haushaltsrolle, kleine Rollen (Faxpapier)
- Kartondeckel, Streichholzschachteln
- Wattekugeln, Zahnstocher, Knete
- Sand, Steine
- Buntpapier, Schere, Klebstoff
- Marabu-BasicColor Farben, Pinsel

Dampfer
- Verschiedenen Papprollen
- leere Milchtüte
- Buntpapier, Wellpappe
- Marabu-do it-Colorspray in Weiß
- Klebstoff, Schere, Cutter
- Marabu-BasicColor Farben, Pinsel

Paulchen, der Pirat

1. Auf das obere Drittel der Rolle ein Gesicht aufmalen. Die Augenklappe nicht vergessen!

2. Den Rest der Rolle mit Filz bekleben. Einen Filzgürtel anbringen und einen Säbel aus Goldfolie an den Gürtel kleben.

3. Bart aus Märchenwolle an die Rolle kleben und dem Piraten einen Falthut aufsetzen. Arme aus Filz ausschneiden und seitlich an den Körper kleben.

Schi-Scha-Schaukelboot

1. Pappteller in der Mitte durchschneiden. Zwischen die beiden Hälften einen Pappstreifen kleben. Dabei die Kanten des Streifens nach innen knicken und mit Klebstoff bestreichen. Eventuell zum besseren Halt innen zwischen die Hälften einen weiteren Pappstreifen kleben.

2. Die Tellerhälften mit einem Boot und Wasser bemalen.

3. Von jeder Rolle oben ein Stück abschneiden, ein Gesicht und Kleider aufmalen. Aus Pappe Arme ausschneiden, ebenfalls anmalen und mit Briefklammern seitlich an den Rollen feststecken.

4. Für jede Figur einen Hut aus Papier falten und auf den Kopf kleben. Dem Mädchen vorher noch ein paar Wollhaare ankleben. Dann die Figuren auf das Boot kleben. Jede bekommt noch ein Ruder aus einem Holzstäbchen in die Hand geklebt.

Tipp:

Wie das Boot lässt sich auch ein Schaukelpferd basteln. Hals und Kopf aus Haushaltsrollen-Stücken anbringen, Ohren, Mähne und Schweif aus Wollresten ankleben, Augen und Maul aufmalen, Reiter aufsetzen – Galopp!

Material

Pirat
- Papprolle
- Filz
- Goldfolie, Tonpapier
- Märchenwolle
- Marabu-BasicColor Farben, Pinsel
- Schere. Klebstoff

Schaukelboot
- 2 Papprollen
- Pappe, Tonpapier, Wolle
- Pappteller, Briefklammern
- Holzstöckchen
- Marabu-BasicColor Farben, Pinsel
- Klebstoff, Schere

Schweinchen Rosa ☼☼☼

1. Klorollen in der Mitte durchschneiden. 4 von den Rollen mit Klebestreifen unter die große Rolle kleben. 1 Rolle mitten auf den Deckel der großen Rolle kleben.

2. Nun das ganze Gebilde mit in Wasser eingeweichten Gipsbinden umwickeln. Die hintere Öffnung der großen Rolle mit Gipsbinden verschließen.

3. Nachdem die Gipsbinden getrocknet sind, alles rosa anmalen, außerdem Augen und Maul aufmalen. Aus Filz zwei Ohren ausschneiden und an dem Schwein ankleben.

Kuh Karoline ☼☼☼

1. Das kurze Stück Rolle an dem längeren Stück befestigen. 4 Klorollen als Beine mit Klebestreifen unter den Bauch kleben. Prüfen, ob die Kuh gut steht, sonst hinten im Bauch einen Stein einkleben, damit die Kuh nicht mehr kopflastig ist.

2. Nun alles mit in Wasser getauchten Gipsbinden umwickeln. Die Kuh hinten mit Gipsbinden verschließen, der Kopf kann offen bleiben.

3. Nach dem Trocknen die Kuh weiß mit schwarzen Flecken anmalen. Ohren und Hörner aus Tonkarton ausschneiden und am Kopf festkleben.

Material

Schweinchen Rosa

- Versandrolle, Ø 10 cm, 15 cm lang
- 3 Klorollen, Klebeband
- Gipsbinden, Schale mit Wasser
- Marabu-BasicColor Farben, Pinsel
- Schere, Klebstoff, rosa Filz

Kuh Karoline

- Versandrolle, Ø 10 cm, 2 Stück à 15 cm und 8 cm
- 4 Klorollen, Klebeband, Schnur
- Tonkarton
- Gipsbinden, Schale mit Wasser
- Pinsel, Marabu-BasicColor Farben
- Klebstoff, Schere

Leo Löwe ☼☼

1. Die Rolle mit gelbem Tonkarton bekleben.

2. Aus dem Tonkarton einen Kopf und 4 Beine ausschneiden und diese an die Rolle kleben.

3. Rings um den Kopf Federn kleben. 2 Perlen als Augen, 1 Perle als Nase ankleben. Durch die Perle ein Stück Schnur ziehen. Mit dem Filzstift ein Maul malen.

4. Ein Stück Schnur als Schwanz in die Rolle kleben. An das Schwanzende Federn kleben.

Elli Elefant ☼☼

1. 4 Rollen als Beine unter die Schachtel kleben.

2. Die Rolle für den Rüssel schräg anschneiden und mittig auf die Schachtel kleben. Etwas Seidenpapier in den Rüssel stecken.

3. Ohren aus Wellpappe und Stoßzähne aus weißem Papier ausschneiden und ankleben. Mit Filzstiften Augen und Maul aufmalen.

Material

Leo Löwe
- Papprolle
- Tonkarton, Filzstifte
- Marabufedern, Schnur
- Perlen in Rot und Blau
- Schere, Klebstoff

Elli Elefant
- Viereckige Schachtel
- 5 Papprollen
- Wellpappe
- weißes Papier, rosa Seidenpapier
- Filzstifte
- Schere, Klebstoff

Wer schlängelt da? ☼

1. Die Rollen in ca. 3 cm lange Stücke schneiden und in Regenbogenfarben anmalen.

2. In die Rollen eine Kordel kleben, dabei immer einen Abstand von 2 cm zwischen den Rollen lassen.

3. Vorne den Schlangenkopf ankleben. Ein Maul ausschneiden und anmalen. 2 Wattekugeln als Augen aufkleben, bemalen und die lange Schlangenzunge aus Tonpapier nicht vergessen.

Komm mit zum Regenbogen! ☼☼

1. Für das Kleid verschiedene Rollen so zuschneiden, dass sie nach oben hin immer kürzer werden. Die Rollen in Regenbogenfarben anmalen und dann zusammenkleben.

2. In die oberen Rollen zwei weitere Rollen als Arme kleben, dabei die Rollen an einer Seite etwas schräg zuschneiden. Eventuell zusätzlich mit einem Klebestreifen fixieren.

3. Unter das Kleid 2 Beine kleben. Dazu den oberen Rand der Rolle an 2 Stellen wie einen Halbkreis einschneiden, dann halten die Beine besser. Zwei Füße aus Pappe ausschneiden und unter die Beine kleben.

4. Aus Pappe Gesicht und Hände ausschneiden und anmalen. Haare aus Wolle und eine Perlennase ankleben. Hände in die Rollen kleben. Das Gesicht oben im Kleid festkleben. Dazu noch einen Schlitz in die obere Rolle schneiden.

Material

Schlange
- Papprollen
- lange Kordel, Tonpapier
- 2 Wattekugeln
- Marabu-BasicColor Farben, Pinsel
- Schere, Klebstoff

Komm mit zum Regenbogen!
- 10 Haushaltsrollen
- Pappe
- Wolle, Perle
- Marabu-BasicColor Farben und Pinsel
- Schere, Klebstoff

Der kleine Turnverein ☼☼☼

1. Die Rollen anmalen. Sie bekommen Gesichter und einen schönen Turnanzug.

2. Arme, Beine, Schuhe und Kleider aus Tonkarton ausschneiden. Beine und Schuhe danach aufeinander kleben.

3. Dann die Arme und Beine mit Briefklammern so an den Körpern befestigen, dass sie sich noch gut bewegen lassen.

4. Wenn man wie hier zwei Figuren an den Füßen mit Briefklammern verbindet, können die Figuren miteinander turnen. Man kann auch ein Holzstäbchen durch die Hände einer Figur ziehen. Das sieht dann aus wie eine Reckstange. Die Stange kann an Fäden gut im Fenster aufgehängt werden.

Seiltänzerin ☼☼

1. Die Klorolle weiß anmalen. Das obere Drittel dann mit einem Gesicht bemalen.

2. An zwei gegenüberliegenden Seiten unterhalb des Gesichtes mit dem Holzbohrer je ein Loch bohren und Pfeifenputzer als Arme hineinstecken. Die Enden der Pfeifenputzer in der Rolle umbiegen, damit sie nicht herausfallen können. Die Beine am unteren Rand der Rolle befestigen.

3. An die Arme zwei rosa Filzstücke als Hände kleben, an die Beine zwei rote Filzstücke als Schuhe. Watte in der oberen Öffnung der Rolle festkleben und ein Geschenkband um die Haare binden. Aus dem Papiertaschentuch ein Röckchen formen und ankleben.

Material

Seiltänzerin
- 1 Klorolle
- 1 Papiertaschentuch
- Watte, Filz, Pfeifenputzer
- Geschenkband
- Holzbohrer, Schere
- Marabu-BasicColor Farben, Pinsel
- Klebstoff

Kleiner Turnverein
- 4 Klorollen
- Briefklammern
- Tonkarton, Bleistift
- Holzstäbchen, Watte
- Marabu-BasicColor Farben, Pinsel
- Klebstoff, Schere

Königsfamilie ☼☼

1. Haushaltsrolle in der Mitte durchschneiden und mit rotem Tonpapier bekleben. Aus rotem Tonpapier 4 Streifen für die Arme zuschneiden, aufrollen und an den Kanten zusammenkleben. Dann seitlich an die Rollen kleben.

2. Von der dünnen Rolle ein Stück abschneiden und mit Silberpapier bekleben. Aus Pappe Arme ausschneiden und an die Rolle kleben.

3. Die Wattekugeln bemalen und als Köpfe aufkleben. König und Königin bekommen Wattehaare und jeder eine Krone aus Goldpapier, der König einen Umhang aus Filz. Das kleine Ritterkind bekommt einen Helm aus Silberpapier. Mit Filzstift die Figuren fertig ausgestalten.

Königsschloss ☼☼

1. Auf Rollen und Karton ein Steinmuster in Grau aufmalen. Die Farbe trocknen lassen.

2. Mit dem Cutter ein großes Tor in den Karton schneiden. Dabei die Seitenkanten nicht einschneiden, damit man das Tor öffnen und wieder schließen kann. Zinnen in den Karton schneiden.

3. Für die Turmdächer aus Tonkarton 2 Dreiviertelkreise ausschneiden. An den Längskanten mit Klebstoff bestreichen und zusammenkleben. Bis der Klebstoff getrocknet ist, die Klebestellen mit einer Büroklammer fixieren. Dann die Dächer auf die Türme kleben.

4. Die Türme seitlich an den Karton kleben. Aus Tonpapier Fenster ausschneiden und auf das Schloss kleben.

Material

Königsfamilie
- Haushaltsrollen
- dünnere Faxpapierrolle
- Tonpapier, Silberpapier, Pappe
- Filz in Weiß, Watte
- rosa Wattekugeln
- Schere, Klebstoff, Filzstift

Königsschloss
- 2 große Versandrollen
- Karton
- Tonkarton, Tonpapier
- Schere, Klebstoff, Cutter
- Marabu-BasicColor Farben, Pinsel

Mutiger Ritter ☼☼

1. Auf den oberen Teil der Versandrolle ein Gesicht malen. Trocknen lassen. Den Rest der Rolle mit silberner Wellpappe bekleben.

2. Die Klorollen ebenfalls mit Wellpappe bekleben und dann an den Deckel der Versandrolle kleben.

3. Aus der Wellpappe Arme aufrollen und seitlich an den Ritter kleben. Aus Goldpapier Handschuhe ausschneiden und unten in die Arme stecken.

4. Aus Goldfolie einen Dreiviertelkreis ausschneiden und zu einem Helm zusammenkleben. Dann auf den Ritter kleben. Aus Goldpapier ein Visier ausschneiden und vor das Gesicht kleben.

5. Seitlich neben das Visier ein paar Haare aus Märchenwolle ankleben. Auf den Holzstab eine Spitze aus Goldfolie kleben und dem Ritter durch den Handschuh stecken. Ein paar Federn oben in den Helm stecken. Aus Tonpapier einen Schild ausschneiden und einen Drachen oder eine andere Figur darauf malen. Den Schild am Arm des Ritters festkleben.

Feuerdrache ☼☼

1. Zuerst 2 Rollen nebeneinander, darüber eine weitere Rolle kleben. Alles rot anmalen und die Farbe trocknen lassen. 2 Rollen jeweils in der Mitte durchschneiden, von einer weiteren Rolle ein Stück als Kopf abschneiden. Alles anmalen. Nach dem Trocknen der Farbe ein Maul in den Kopf schneiden.

2. Aus Tonpapier 2 lange Streifen ausschneiden, einen für den Hals, einen für den Schwanz. Außerdem aus Tonpapier einige Zacken ausschneiden. Die Streifen in die obere Rolle des Drachenkörpers kleben. An das eine Ende eines Streifens den Kopf kleben. Dann die Zacken auf die Streifen kleben. Dabei unten eine kleine Kante umknicken und mit Klebstoff bestreichen.

3. Auf den Kopf zwei grün bemalte Wattekugeln als Augen kleben. Einen kleinen weißen Papierstreifen gezackt einschneiden und als Zähne in das Maul kleben. Gelbe und orangefarbene Krepppapierstreifen als Feuer in das Maul kleben.

4. Aus Tonpapier 4 Füße mit Krallen ausschneiden und unter jedes Bein kleben. Durch jedes Bein mit der Nadel einen Faden ziehen, die Fäden dann durch den Drachenkörper ziehen und die Fadenenden so verknoten, dass sich die Beine noch frei bewegen können.

5. Dann noch einen langen Faden durch den Kopf und das Schwanzende ziehen und oben verknoten. An diesem Faden kann man den Drachen dann bewegen.

Material

Mutiger Ritter
- 1 Stück Versandrolle mit Deckel
- 2 Klorollen
- silberne Wellpappe, Tonpapier
- Goldfolie, Goldpapier, Märchenwolle
- Federn, Holzstab
- Klebstoff, Schere
- Marabu-BasicColor Farben, Pinsel

Feuerdrache
- 6 Klorollen
- Tonpapier, Krepppapier
- 2 Wattekugeln
- Nadel und Faden
- Klebstoff, Schere
- Marabu-BasicColor Farben, Pinsel

Hoppe, Hoppe, Reiter! ☼☼

1. Die Klorolle anmalen und trocknen lassen. Der Wattekugel ein Gesicht aufmalen.

2. Aus festem Papier Arme, Beine und einen Halbkreis als Hutkrempe ausschneiden. Alle Teile bemalen.

3. Die Wattekugel in die Rolle kleben. Seitlich an den Kopf ein paar Wollfäden als Haare kleben. Die Hutkrempe am Kopf anbringen. Dabei bis zum Trocknen des Klebstoffes mit Klebestreifen fixieren. Anschließend einen Streifen schwarzen Filz über den Reithelm bis unter das Kinn der Reiterin kleben.

4. Arme an die Rolle kleben und die Beine mit Briefklammern am unteren Rand der Rolle feststecken, so dass man die Beine noch bewegen kann.

Pferdchen lauf Galopp! ☼☼☼

1. In das eine Ende der Versandrolle einen Halbkreis schneiden, so dass eine Klorolle gut dort hineinpasst.

2. Die Klorolle, so wie auf der kleinen Zeichnung zu sehen ist, in den Halbkreis kleben und mit Klebestreifen fixieren, bis der Klebstoff getrocknet ist.

3. Aus einem Stück Klorolle den Kopf basteln. Dazu in die eine Seite der Rolle einen Schlitz schneiden, dann beidseitig des Schlitzes je ein Stück einschneiden. Die Streifen, die dabei entstehen, nach außen biegen und in den Hals kleben.

4. Aus Pappstreifen Beine ausschneiden und an das Pferd kleben. Dann das ganze Pferd anmalen. Die Wattekugel als Maul in den Pferdekopf kleben.

5. Aus Wolle Mähne und einen Schweif zurechtschneiden und ankleben. Ohren anbringen.

6. Aus Filz einen Sattel zuschneiden und auf das Pferd kleben. Aus roter Wolle einen Halfter mit Zügeln um den Pferdekopf knoten.

Material

Reiter
- 1 Klorolle
- 1 Wattekugel
- festes Papier
- 2 Briefklammern
- 1 Stück schwarzen Filz
- Wolle, Schere, Klebstoff
- Marabu-BasicColor Farben, Pinsel

Pferdchen
- 1 Stück Versandrolle, ∅ 6 cm, 12 cm lang
- 2 Klorollen
- 1 Wattekugel, die in die Klorolle passt
- Pappe, Wolle, Filz
- Klebstoff, Klebestreifen, Schere
- Marabu-BasicColor Farben, Pinsel

Maulwurf Grabowski ☼

1. Die Rolle mit Klebstoff bestreichen und dann mit der schwarzen Wolle umwickeln. Dabei die Wollenden gut festkleben.

2. Die Wattekugel schwarz anmalen und die Farbe trocknen lassen. Danach die Wattekugel in die Rolle kleben.

3. Aus Filz Füße ausschneiden und unter die Rolle kleben. Aus Filz einen Dreiviertelkreis zuschneiden und an den Kanten zu einer spitzen Schnauze zusammenkleben.

4. Eine Perle als Nase annähen und ein paar schwarze Fäden mit der Nadel durch die Schnauze ziehen. Das sind die Barthaare!

Kletterspinne ☼

1. Die Rolle mit schwarzer Farbe anmalen und gut trocknen lassen.

2. Aus Tonkarton einen Kreis ausschneiden. Das wird das Gesicht der Spinne. Den Kreis an der Rolle festkleben. Einen roten Mund aufmalen, zwei kleine gelbe Perlen als Augen ankleben und eine rote Perle als Nase.

3. Mit Deckweiß ein Kreuz auf die Spinne malen. Aus dem Pfeifenputzer Beine für die Spinne zuschneiden und seitlich in den Körper stecken. Will man mit der Spinne spielen, einen langen Bindfaden in einen Baum hängen. Die Fadenenden zieht man durch die Spinne. Wenn man die Fadenenden in beide Hände nimmt und die Arme auseinander bewegt, klettert die Spinne hoch. Führt man die Fäden wieder zusammen, rutscht die Spinne herunter.

Material

Maulwurf
- 1 Klorolle
- 1 Wattekugel, die in die Rolle passt
- schwarze, flauschige Wolle
- Filz, 1 Perle, Nadel und Faden
- Marabu-BasicColor Farben, Pinsel
- Klebstoff, Schere

Kletterspinne
- Papprolle
- Pfeifenputzer, Perlen
- schwarzer Tonkarton
- Deckweiß, Pinsel, Marabu-BasicColor Farben
- Bindfaden, Schere

Zi-Za-Zauberspaß

1. Der Rolle ein Gesicht aufmalen. Den oberen Rand der Rolle mit schwarzem Tonkarton bekleben. Als Hutkrempe einen passenden Kreis aus Tonkarton ausschneiden. Dazu die Rolle auf ein Stück Tonkarton stellen und den Umfang mit einem Bleistift aufzeichnen. Dann mit dem Zirkel einen größeren Kreis um den ersten Kreis zeichnen. Den inneren Kreis ausschneiden, dabei ein paar Stege stehen lassen, an denen man die Hutkrempe an der Rolle festkleben kann.

2. Den Rest der Rolle mit Stoffresten bekleben. Zwei Arme aus Pappe ausschneiden, Hände aufmalen, den Rest mit Stoff bekleben und seitlich an den Körper kleben. Einen Stern aus Goldpapier ausschneiden, auf ein Holzstäbchen kleben und dem Zauberer an einer Hand festkleben.

3. Den Deckel der Rolle schwarz anmalen. Aus Pappe ein Kaninchen ausschneiden, weiß anmalen und mit Kunstfell bekleben. Aus Perlen Augen und Nase ankleben. Mit der Stopfnadel einen Faden an dem Kaninchen befestigen, dann eine Perle auffädeln, festknoten, den Faden weiter durch die Mitte des Deckels ziehen, wieder eine Perle auffädeln und festknoten, den Rest des Fadens einfach herabhängen lassen.

4. Den Deckel in den Hut setzen. Will man zaubern, wird der Faden einfach hochgezogen, bis das Kaninchen aus dem Hut erscheint.

Material

- **Versandrolle, ∅ 10 cm, 30 cm lang mit Deckel**
- schwarzer Tonkarton, Pappe, Goldpapier, Holzstäbchen
- Stoffreste, Kunstfell, etwas Wolle
- Nadel und Faden, Perlen
- Marabu-BasicColor Farben, Pinsel
- Zirkel, Bleistift
- Klebstoff, Schere

Flieg, kleine Hexe! ☼☼

1. Aus den Zweigen einen Besen binden. Dazu einen langen Zweig auf den Tisch legen und unten an diesen viele kleine Zweige mit einem Bindfaden festbinden.

2. Klorolle mit Filz bekleben, seitlich Filzarme und unten Filzschuhe ankleben. Dann den Besen durch die Klorolle stecken.

3. Der Wattekugel ein Gesicht aufmalen und Wollhaare ankleben. Aus blauem Tonpapier einen Hut falten und der Hexe auf den Kopf kleben. Einen Bindfaden am Besenstil und an der Rolle befestigen. Dann den Kopf in der Rolle festkleben.

Hixi, Hexenkind ☼

1. Der Rolle ein Gesicht aufmalen und eine Perle als Nase in der Mitte festkleben. Den unteren Teil der Rolle mit Filz bekleben, seitlich Arme aus Filz ankleben. Unten Füße anbringen.

2. Oben in die Rolle als Haare den Sisalbast stecken und an den Seiten etwas festkleben.

3. Einen Kreis aus Filz und ein Dreieck ausschneiden. Beide Teile zu einem Hut zusammenkleben. Den Hut über die Haare stülpen und festkleben. Mit Taftband dekorieren.

Material

Hixi, Hexenkind
- Klorolle
- Filz, Sisalbast, Perle
- Taftband
- Pinsel, Marabu-BasicColor Farben
- Klebstoff, Schere

Flieg, kleine Hexe!
- Klorolle
- Wattekugel, Wolle
- Filz, Bindfaden, Tonpapier
- kleine Zweige, langer Zweig
- Klebstoff, Schere
- Marabu-BasicColor Farben, Pinsel

Fledermäuse

1. Die Rolle in der Mitte durchschneiden. Aus schwarzem Filz passende Streifen zuschneiden und um die Rollen kleben.

2. Aus Filz Flügel zuschneiden und von hinten gegen die Rollen kleben.

3. Zwei gelbe Augen, einen roten Mund und kleine weiße Zähne aus Filz ausschneiden und den Fledermäusen ins Gesicht kleben. In die Augen mit einem Filzstift Pupillen malen. Ohren zuschneiden und anbringen.

4. Die kleinen Wäscheklammern mit Filzstift in Rosa anmalen. Dann die Klammern so in die Rollen kleben, dass man die Fledermäuse mit ihnen an einer Leine aufhängen kann.

Fliegender Vampir

1. Die Wattekugel in die Rolle kleben. Der Wattekugel ein Gesicht aufmalen und den Rest der Figur mit schwarzer Farbe bemalen.

2. Aus schwarzem Tonkarton einen langen Streifen für beide Arme zuschneiden und 2 Streifen für die Beine. Hände aus weißem Tonpapier an die Arme kleben, Schuhe aus rotem Papier an die Beine.

3. Die Arme ausgebreitet über die Rolle kleben, die Beine in die Rolle, eine rote Papierfliege unter das Gesicht kleben.

4. Den Vampir auf einen Holzstab stecken. Draht durch die Hände stecken und locker zu einem Kreis schließen. Dann die Drahtenden um den Stab wickeln und zu einem kleinen Kreis schließen. Die Drahtenden mit einer Perle versehen. Wenn man die Perle nun auf und ab bewegt, bewegen sich die Arme des Vampirs.

5. Zum Schluss bekommt der Vampir noch einen Umhang aus violettem Krepppapier. Einen Faden durch den oberen Rand des Papiers ziehen und dem Vampir um den Hals binden.

Material

Fledermäuse
- Papprolle
- Filz
- kleine Holzwäscheklammern
- Filzstifte
- Schere, Klebstoff

Vampir
- 1 etwas dünnere Rolle (z. B. Faxpapier)
- 1 Wattekugel, die in die Rolle passt
- Tonpapier, Tonkarton, Krepppapier
- 1 Holzstab, Nadel und Faden
- 1 Stück Blumendraht, 1 Perle
- Marabu-BasicColor Farben, Pinsel, Filzstifte
- Schere, Klebstoff

Kleiner Tütengeist

1. Ein Mauerwerk auf die Klorolle malen. Dann die Farben trocknen lassen.

2. Der Wattekugel ein Gesicht aufmalen. Unten in die Wattekugel ein Loch bohren. In das Loch etwas Klebstoff träufeln, das Papiertaschentuch auseinander falten. Das Holzstäbchen von unten in die Mitte des Taschentuches stecken, das Taschentuch über dem Holstäbchen etwas zusammendrücken und dann in das Loch der Wattekugel stecken.

3. Das andere Ende des Holzstäbchens durch die Klorolle stecken und den Rand des Papiertaschentuches im oberen Rand der Rolle festkleben. Dem kleinen Geist unterhalb des Kopfes noch einen Papierstreifen umbinden. Das sind dann die Geisterarme.

4. Zum Spielen das Holzstäbchen auf und ab bewegen. So kann man den kleinen Geist auftauchen und wieder verschwinden lassen.

Gleich schlägt's 12!

1. Die Rolle anmalen. Dann aus Tonkarton einen Dreiviertelkreis ausschneiden und daraus ein spitzes Dach kleben. Das Dach über dem Deckel der Rolle anbringen.

2. Ein Holzstäbchen durch die Spitze des Daches stecken. Ein Stück von dem Flaschenkorken abschneiden und auf die Spitze des Stäbchens stecken. Seitlich 4 Zahnstocher in den Korken stecken.

3. Um die Wattekugeln je ein Papiertaschentuch legen und unterhalb der Wattekugeln mit einem Faden umwickeln. Den Geistern Gesichter aufmalen. Dann die Geister auf die Enden der 4 Holzstäbchen stecken.

4. Aus Tonpapier einen Kreis ausschneiden. Ringsherum die Zahlen von 1 bis 12 aufschreiben, dann auf den Turm kleben. Zwei Zeiger aus Tonpapier ausschneiden und mit einer Briefklammer in der Mitte der Uhr feststecken.

5. Ein Tor aus braunem Tonpapier ausschneiden, außerdem ein gleichgroßes Tor aus blauem Tonpapier. Aus weißem Papier einen Geist ausschneiden. Den blauen Untergrund zuerst aufkleben, darauf den Geist und darüber an einer Kante die braune Tür, damit man die Tür öffnen und schließen kann.

Material

Tütengeist
- 1 Klorolle
- 1 Wattekugel
- 1 Holstäbchen
- 1 Papiertaschentuch
- Klebstoff, Schere
- Marabu-BasicColor Farben, Pinsel

Turmuhr
- 1 Stück Versandrolle mit Deckel, Ø ca. 12 cm, 25 cm lang
- Tonkarton, Tonpapier
- 4 Wattekugeln, Papiertaschentücher, Fäden
- 1 Flaschenkorken, Zahnstocher 1 Briefklammer
- Klebstoff, Schere
- Marabu-BasicColor Farben, Pinsel

Mondrakete ☼

1. Die Rolle mit weißem Papier bekleben. Dann über dem weißen Papier rote Streifen anbringen.

2. Um den unteren Rand der Rolle einen Streifen silberner Wellpappe kleben. 4 Dreiecke aus der Wellpappe ausschneiden und ankleben.

3. Aus rotem Tonpapier einen Halbkreis ausschneiden, daraus eine Spitze für die Rakete aufrollen und zusammenkleben.

4. Aus Goldpapier Sterne ausschneiden, die Sterne auf die Enden von Pfeifenputzern kleben und unten in der Rakete fixieren.

5. Mit Filzstiften ein grünes Männchen oder einen Raumfahrer auf die Rakete malen.

Düsenjäger ☼☼

1. Die 3 Haushaltsrollen so wie auf dem Foto nebeneinander kleben. Die 2 kleineren Rollen in die mittlere der Haushaltsrollen kleben.

2. Aus Pappe ein großes Dreieck ausschneiden und unter die Rollen kleben.

3. Alles mit roter und schwarzer Farbe anmalen und trocknen lassen. Dann aus Tonkarton eine spitze Tüte aufrollen und so zusammenkleben, dass sie oben in die Rolle passt. Aus Tonkarton außerdem noch zwei Flügel mit gezackten Rändern ausschneiden und seitlich an die beiden äußeren Rollen kleben.

4. Aus der silbernen Wellpappe eine gezackte dreieckige Form, die auf die Flügelspitzen passt, ausschneiden und aufkleben. Einen Streifen Wellpappe um den oberen Rand der mittleren Rolle kleben. Zum Schluss noch ein paar gelbe Sterne ausschneiden und auf den Düsenjäger kleben.

Material

Mondrakete
- 1 Haushaltsrolle
- Tonpapier, Goldpapier, silberne Wellpappe
- Pfeifenputzer (gold)
- Filzstifte
- Schere, Klebstoff

Düsenjäger
- 3 Haushaltsrollen
- 2 kleinere Rollen (Faxpapier)
- Tonkarton, Pappe
- silberfarbene Wellpappe
- Marabu-BasicColor Farben, Pinsel
- Klebstoff, Schere

Hubschrauber

1. Kufen und Heckflügel aus der Pappe ausschneiden. Die Teile anmalen und an der bemalten Rolle festkleben.

2. Einen Pappstreifen ausschneiden und in der vorderen Öffnung der Rolle festkleben.

3. Für den Rotor ein quadratisches Stück Buntpapier so wie auf der Zeichnung einschneiden. Die 4 Ecken zur Mitte hin falten und dort mit Klebstoff befestigen. Dann durch die Mitte eine Stecknadel pieksen, eine Perle aufstecken und den Rotor so in den Korken stecken, dass er sich noch drehen kann. Dann den Korken auf den Hubschrauber kleben.

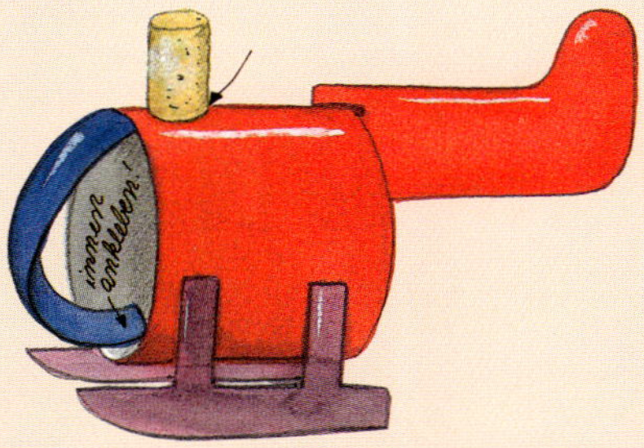

Sportflugzeug

1. Die Rolle und ein größeres Stück Pappe mit roter Farbe anmalen.

2. Aus der Pappe Flügel ausschneiden. Die beiden Doppeldecker-Flügel mit den 4 Zahnstochern zusammenstecken. Dabei die Enden der Zahnstocher vorher mit Klebstoff bestreichen. Dann die Flügel auf die Haushaltsrolle kleben.

3. Die Heckflügel ausschneiden und ankleben, auf die vordere Öffnung der Haushaltsrolle einen Kreis aus Pappe kleben.

4. Einen Flaschenkorken in 4 Teile schneiden. Einen Teil mit Filz bekleben, eine Wattekugel als Kopf aufkleben. Der Kopf bekommt eine Mütze aus Filz angeklebt und ein Gesicht aufgemalt.

5. Die restlichen 3 Korkenstücke schwarz anmalen. Den einen vorne auf den Kreis kleben, eine Stecknadel mit einem kleinen Propeller aus Tonpapier und einer Perle in den Korken stecken. Die anderen beiden Korkenstücke auf schwarze Pappstreifen kleben und als Räder seitlich an das Flugzeug kleben.

Material

Hubschrauber
- 1 Stück Versandrolle
- feste Pappe
- Buntpapier
- 1 Korken
- 1 Stecknadel, 1 Perle
- Cutter, Schere, Klebstoff
- Marabu-BasicColor Farben, Pinsel

Sportflugzeug
- Haushaltsrolle
- Pappe, Tonpapier
- 1 Flaschenkorken
- Wattekugel, Filz
- 1 Perle, Stecknadel
- 4 Zahnstocher, Klebstoff
- Marabu-BasicColor Farben, Pinsel, Schere

Kater Karlo

1. Die Rolle mit Streifen bemalen und die Farbe trocknen lassen. Die Pfoten aufmalen.

2. Die Wattekugel ebenfalls bemalen. An der Stelle, wo das Schnäuzchen sein soll, etwas Deckweiß auftragen. Eine Perlennase und Perlenaugen mit Stecknadeln in der Wattekugel fixieren.

3. Den Kopf in der Rolle festkleben. Aus weißem Papier dünne Streifen ausschneiden und als Schnurrbarthaare am Kopf ankleben. Vorderbeine und Ohren zuschneiden und ankleben.

Kleine Maus

1. Ein Stück von der Klorolle abschneiden. Den Rest mit grauem Tonpapier umkleben.

2. Füße und Ohren aus rosafarbenem Tonpapier ausschneiden. Einen Dreiviertelkreis aus grauem Tonpapier zuschneiden.

3. Den Kreis an den geraden Kanten zusammenkleben, dann den Kopf oben in die Rolle kleben. Mit Deckweiß ein helles Schnäuzchen malen und eine rosa Perle als Nase ankleben.

4. Ohren und Füße ankleben. Der kleinen Maus einen Schal aus einem Stück Stoff umbinden.

Material

Kleine Maus
- 1 Klorolle
- Tonpapier
- 1 Perle
- 1 Stoffrest
- Deckweiß, Pinsel
- Klebstoff, Schere

Kater Karlo
- 1 Papprolle
- 1 Wattekugel
- weißes Papier
- Perlen, Stecknadeln
- Marabu-BasicColor Farben, Pinsel
- Schere, Klebstoff

Großer Tanzbär ☼☼☼

1. Alle Rollen, die Styroporkugel und 2 Wattekugeln braun anmalen. Für die Schnauze einen helleren Farbkreis auf die Styroporkugel malen.

2. Mit dem Handbohrer Löcher in die Versandrolle bohren. In die anderen Rollen je 2 Löcher in den oberen Rand und je 1 Loch in den unteren Rand bohren.

3. Bindfaden durch die Löcher in der Versandrolle fädeln und jeweils die Klorollen festknoten.

4. Kopf in die Versandrolle kleben, Ohren und Nase an den Kopf kleben. 2 Augen aus Buntpapier ankleben und eine Schleife um den Hals des Bären binden.

5. Lange Bindfäden an Armen und Beinen befestigen. Eine Büroklammer aufbiegen und oben in den Bärenkopf stecken. Daran einen Faden knoten.

6. Alle Fadenenden auf gleicher Höhe abschneiden, Schlaufen binden und zum Spielen die Finger durch die Schlaufen stecken. Wenn man die Finger bewegt, tanzt der Bär.

Kleiner Bär ☼

1. Von der Rolle ca. 2 cm abschneiden. Die Rolle und die große Wattekugel mit brauner Farbe anmalen. Dort, wo die Schnauze sein soll, die Farbe etwas heller malen.

2. Die 6 kleinen Wattekugeln hellbraun anmalen. 2 Wattekugeln als Ohren an den Kopf kleben. Mit Stecknadeln fixieren.
4 Wattekugeln seitlich als Arme und Beine an die Rolle kleben.

3. 2 Perlen als Augen und eine Perle als Nase mit Stecknadeln am Kopf feststecken.

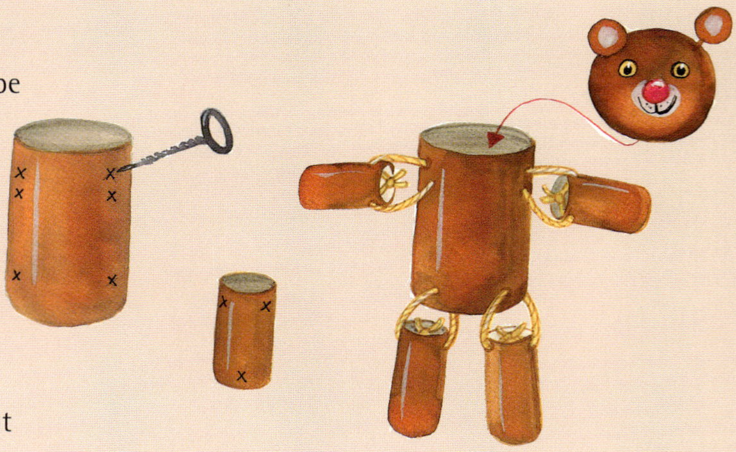

Material

Kleiner Bär

- Papprolle
- 1 große, 6 kleine Wattekugeln
- 3 Perlen, Stecknadeln
- Marabu-BasicColor Farben, Pinsel
- Klebstoff, Schere

Großer Tanzbär

- 1 Stück Versandrolle, etwa 15 cm lang
- 4 Rollen, Handbohrer
- 1 Styroporkugel, die auf die Versandrolle passt
- 3 kleine Wattekugeln, Büroklammer
- Bindfaden, Zahnstocher, Buntpapier, Schleifenband
- Schere, Klebstoff, Marabu-BasicColor Farben, Pinsel

Finger-Figuren

1. Die Rollen so zuschneiden, dass man sie gut auf die Finger stecken und die Finger bewegen kann.

2. Die einzelnen Rollen anmalen. Je nachdem, ob man ein Krokodil, eine Giraffe, einen Zwerg, einen Geist oder eine Katze haben möchte, die Farben entsprechend aussuchen.

3. Die Wattekugeln auf die Körper kleben und in den gleichen Farben anmalen. Aus Filz oder Wolle Haare, Barthaare oder Ohren ankleben.

4. Mit einem Filzstift Augen, Münder oder Punkte auf die Figuren malen.

Klingelkasper

1. Ein Gesicht auf die Rolle malen, den Rest der Rolle mit Filz bekleben.

2. Aus zwei gleich großen Filzstücken eine Narrenkappe ausschneiden, die später um die Klorolle passt. Die Teile übereinander legen und an den Kanten zusammennähen. Die Spitzen der Kappe mit Watte ausstopfen und an jede Spitze ein Glöckchen nähen.

3. Die Kappe am oberen Rand der Rolle ankleben, eine Perlennase anbringen.

Tipp:

Zum Spielen die Rolle auf die drei mittleren Finger der Hand setzen, so dass seitlich noch zwei Finger herausschauen. So kann man mit dem Kasper Theater spielen.

Material

Finger-Figuren
- Kleine Rollen, die über die Finger passen
- Filz, Watte, Wolle
- Filzstifte, kleine Wattekugeln
- Klebstoff, Schere
- Marabu-BasicColor Farben, Pinsel

Kasper
- 1 Klorolle
- Filz, Tonkarton
- Nadel und Faden
- etwas Watte, Holzperle
- Glöckchen
- Schere, Klebstoff
- Marabu-BasicColor Farben, Pinsel

Freund Füchslein ☼☼

1. Von der einen Rolle ein Stück abschneiden. Das wird der Kopf. Dann die Rollen mit Filz umwickeln und diesen festkleben. Den Kopf an den Körper kleben.

2. Ein Stück Pappe komplett mit Filz bekleben. Wenn der Klebstoff getrocknet ist, aus diesem Stück 4 Beine für den Fuchs zuschneiden. Die Beine an den Körper kleben.

3. Aus etwas hellerem Filz eine spitze Schnauze ausschneiden und unten in die Kopfrolle kleben. Eine Perle als Nase ankleben und zwei kleinere Perlen als Augen anbringen.

4. Zum Schluss noch 2 Ohren aus Filz ausschneiden, am Kopf ankleben und einen Schwanz sowie eine Halskrause aus Märchenwolle ankleben.

Besuch im Pilzwald ☼

1. Die Rollen entweder mit weißem Papier bekleben oder bemalen. In die kleine Rolle eine Tür einschneiden. Der großen Rolle Fenster und Türen aufmalen.

2. Aus Tonpapier Dreiviertelkreise ausschneiden, zu einem spitzen Dach aufrollen und an den Kanten zusammenkleben. Die Dächer auf die Rollen kleben. Außerdem aus Knete kleine weiße Punkte auf die Dächer kleben.

3. Für die Zwerge Wattekugeln in die kleinen Rollen kleben. Wer keine kleine Rollen hat, kann sich aus Tonpapier entsprechende Rollen aufrollen und an den Kanten zusammenkleben. Den Wattekugeln Gesichter aufmalen, Mützen aus Krepppapier und Bärte aus Watte ankleben.

Material

Fuchs
- 2 Klorollen
- Pappe
- Filz, Märchenwolle
- Perlen
- Klebstoff, Schere

Pilze und Zwerge
- 1 Stück Versandrolle
- 1 Klorolle
- einige ganz kleine Rollen, Filzstifte
- Tonpapier, Krepppapier, Wattekugeln
- Watte, etwas weiße Knete
- Klebstoff, Schere
- Marabu-BasicColor Farben, Pinsel

Kleine Eule ☼

1. Von einer der Rollen ein Stück abschneiden. Dann alle Rollen übereinander kleben. Die kurze Rolle wird der Kopf.

2. Die Rollen und die Wäscheklammern anmalen. Nach dem Trocknen die Klammern als Füße unter die Rollen kleben.

3. Seitlich in die Kopfrolle Federn kleben. Aus Filz kleine Dreiecke ausschneiden und als Gefieder auf die Rollen kleben. Augen und einen Schnabel aufkleben. In die Augen mit einem Filzstift Pupillen malen.

Stolzer Pfau ☼☼☼

1. Die Versandrolle und die dünne Rolle mit blaugrüner Farbe bemalen. Dann den Hals auf die Rolle kleben. Dazu einen Filzstreifen an den unteren Rand kleben, so dass der Streifen etwas übersteht. Die überstehende Kante unten einschneiden, nach außen biegen, mit Klebstoff bestreichen und auf den Rücken kleben.

2. Aus gelben Tonpapier 2 Beine aufrollen und an den Kanten zusammenkleben. Am oberen Rand wieder an 4 Stellen der Länge nach Streifen einschneiden, die Flächen nach außen biegen, mit Klebstoff bestreichen und unter den Pfau kleben. Die Flächen fest andrücken und eventuell zusätzlich mit Klebestreifen fixieren.

3. Aus Knete zwei Füße formen, die Figur mit den Beinen in die Knetmasse drücken. Aus Filz viele kleine Dreiecke ausschneiden und als Federn an den Pfau kleben. An den Kopf einen Schnabel, eine Krone und Augen kleben.

4. In den Bauch des Pfaus die Blumensteckmasse stecken. In dieses Material dann die Pfauenfedern stecken.

Material

Eule
- 3 Klorollen
- 2 Wäscheklammern aus Holz
- Filz in verschiedenen Brauntönen
- Federn, Filzstift
- Klebstoff, Schere
- Marabu-BasicColor Farben, Pinsel

Pfau
- 1 Stück Versandrolle
- 1 dünne Rolle
- 1 Wattekugel
- gelbes Tonpapier
- Filz, Goldpapier, Blumensteckmasse
- gelbe Knete, Pfauenfedern
- Marabu-BasicColor Farben, Pinsel

Überraschungsgans

1. Die Rolle mir weißem Papier bekleben. Einen Gänsekopf auf weißes Papier aufzeichnen, ausschneiden und an die Rolle kleben.

2. Die Gans mit weißen Federn bekleben.

3. Den Schnabel mit Filzstiften gelb anmalen und Augen aufmalen. Dann die Gans in ein Nest aus Stroh setzen und in der Rolle eine kleine Überraschung verstecken.

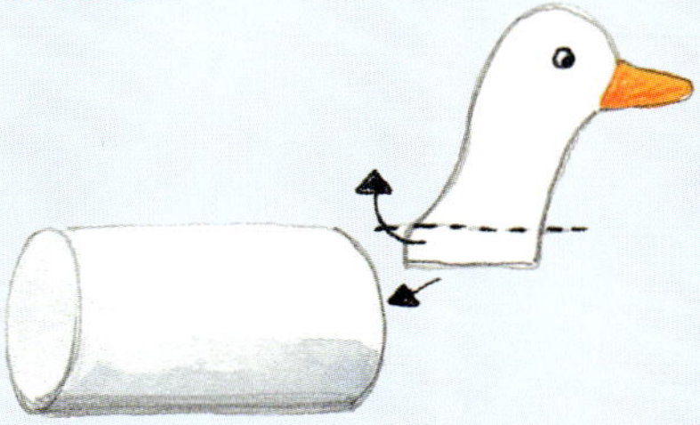

Oh, Tannenbaum!

1. Aus 24 Klorollen einen Baum in Pyramidenform zusammenstellen. Dabei in der untersten Reihe 3 Rollen, darüber 6 Rollen, darüber 5 Rollen, und so weiter kleben, bis oben nur noch 1 Rolle als Spitze geklebt wird.

2. Wenn der Klebstoff getrocknet ist, alle Rollen grün anmalen, außerdem ein Stück Versandrolle als Baumstamm vorbereiten.

3. Den gesamten Baum auf den Stamm kleben. In die Baumspitze mit einem Zahnstocher einen Stern oder eine Christbaumkugel stecken.

4. Die 24 Fächer in dem Baum mit kleinen Geschenken und Überraschungen füllen.

Material

Gans
- 1 Klorolle
- Tonpapier
- Filzstifte
- Federn, etwas Stroh
- Schere, Klebstoff

Tannenbaum
- 24 Klorollen
- 1 Stück Versandrolle
- Geschenkpapier, Glitzerpapier
- 1 Christbaumkugelstern
- 1 Zahnstocher
- Marabu-BasicColor Farben, Pinsel
- Klebstoff

Überraschungswichtel ☼

1. Jeweils auf das obere Drittel der Rollen Gesichter aufmalen und trocknen lassen.

2. Unter die Gesichter je einen Streifen Filz kleben, an den oberen Rand ebenfalls.

3. Die Mützen oben mit einem Wollfaden zubinden. Wer mag, kann kleine Überraschungen in die Wichtel stecken.

Wer sitzt denn da? ☼☼

1. Oben auf die Rolle Augen, Nase und Mund aufmalen. Dann einen Streifen Krepppapier als Kleid um die Rolle kleben, dabei das Papier am unteren Rand etwas auseinander ziehen.

2. An beide Seiten unterhalb des Kopfes ein Stück Schnur kleben. Darüber einen Streifen Filz als Schal binden. An die Enden der Schnur je ein Stück Filz als Hände kleben.

3. In den unteren Rand der Rolle zwei längere Schnüre kleben und an die Enden 2 Stiefel aus Filz kleben.

4. Oben in die Rolle Holzwolle stecken. Um den Rand der Rolle ein Goldband wickeln und verknoten. Aus Goldfolie einen Stern ausschneiden und ankleben.

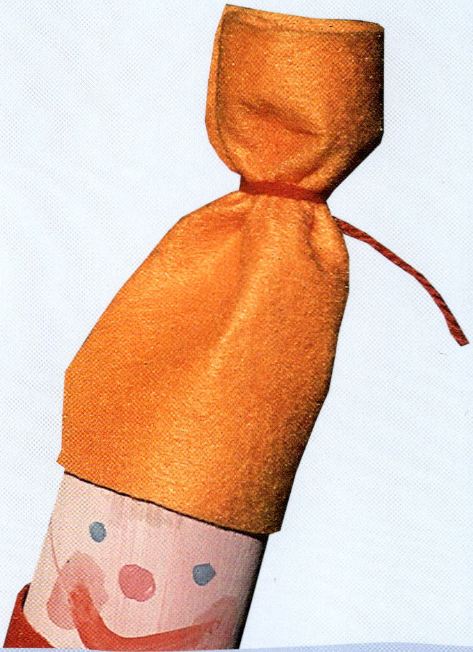

Material

Wichtel
- 3 Papprollen
- Filz, Wolle
- Schere, Klebstoff
- Marabu-BasicColor Farben, Pinsel

Engelchen
- Versandrolle (weiß)
- weißes Krepppapier, etwas Goldfolie
- Filz, Schnur, Goldband
- Holzwolle
- Schere, Klebstoff
- Marabu-BasicColor Farben, Pinsel

Tanzpinguin

1. Die Styroporkugel in die Rolle hineinkleben. Dann den Körper und einen Teil des Kopfes mit weißer Farbe bemalen, den Rest des Kopfes mit schwarzer Farbe (siehe Foto).

2. Aus Filz 2 Flügel, Schnabel, Füße und 2 Augen ausschneiden. Die Teile an dem Pinguin festkleben, dabei die Flügel zusätzlich mit je 2 Stecknadeln am Kopf fixieren. Den Bauch des Pinguins mit Federn dekorieren.

3. Mit dem Filzstift schwarze Pupillen in die Augen malen. Dann auf 3 lange Fäden jeweils 1 Perle auffädeln und am Fadenende verknoten. Die Fäden von unten durch Flügel und Schnabel ziehen und festnähen.

4. Einen weiteren Faden an einer aufgebogenen Büroklammer befestigen, die Klammer dann in den Kopf stecken. Alle Fadenenden oben so zusammenbinden, dass Flügel und Schnabel zunächst herunter hängen.

Tipp:

Zum Spielen die Fäden über eine Hand hängen und versuchen mit den Fingern die einzelnen Fäden zu bewegen. Dabei heben sich die Flügel und der Schnabel öffnet oder schließt sich, je nachdem, wie die Finger gehalten werden.

Kleiner Schneemann

1. Die Rolle mit weißem Papier bekleben. Einen Streifen aus schwarzem Filz ausschneiden und um den oberen Rand der Rolle kleben.

2. Die Öffnung der Rolle mit einem runden schwarzen Filzstück verschließen. Für die Hutkrempe ein kreisrundes Stück schwarzen Filz ausschneiden. Der Kreis muss größer als der Durchmesser der Rolle sein. Dann die Rolle in die Mitte des Kreises stellen, mit einem Stift den Umfang abmalen und den inneren Kreis ausschneiden. Die Hutkrempe nun über die Rolle ziehen und ringsherum am schwarzen Filzrand festkleben.

3. Dem Schneemann noch ein Gesicht aufmalen, eine Filznase anbringen, einen Schal aus Krepppapier umbinden und viele kleine Watteschneeflocken auf die Figur kleben.

Material

Schneemann
- 1 Stück Versandrolle
- weißes Papier
- Filz, Krepppapier
- Filzstifte
- Watte
- Klebstoff, Schere

Pinguin
- 1 Stück Versandrolle, ∅ 8 cm, 12 cm lang
- 1 Styroporkugel, die in die Rolle passt
- 3 Perlen, Büroklammer
- Filz, Federn
- Filzstift, 2 Stecknadeln
- Marabu-BasicColor Farben, Pinsel
- reißfester Zwirn und Nadel
- Klebstoff, Schere

Tanzender Eisbär

1. Die Wattekugel oben in die Rolle kleben. Dann die gesamte Rolle mit einer dünnen Watteschicht bekleben.

2. Aus Watte 4 kleine Kugeln zusammenknüllen und als Arme und Ohren an den Bären kleben. Augen und eine Nase aus Perlen ankleben.

3. Aus dem Tonkarton eine Spirale ausschneiden. Den Eisbären in die Mitte der Spirale kleben. Die Spirale außerdem mit kleinen Watteschneeflocken bekleben.

4. Oben in den Kopf des Bären eine aufgebogene Büroklammer stecken und daran den Faden befestigen. Dann den Bären zum Beispiel über einer Heizung ins Fenster hängen. Bei aufsteigender Wärme beginnt der Bär sich zu drehen.

Ski-Wettrennen

1. Die Klorollen mit dem Tonpapier bekleben. Das obere Drittel der Rolle dabei mit rosafarbenem Papier bekleben und mit Filzstiften Augen, Nase und Mund aufmalen. Den Rest der Rolle andersfarbig gestalten.

2. Aus Tonpapier Arme und Handschuhe ausschneiden. Die Handschuhe an die Arme, dann die Arme an die Skifahrer kleben.

3. Oben um die Köpfe jeweils einen Streifen Krepppapier als Mütze kleben. Dann das Krepppapier im oberen Bereich mit einem Stück Wolle zusammenbinden.

4. Kleine Kreise aus Tonpapier ausschneiden, auf die Spitzen der Zahnstocher stecken und die anderen Enden der Zahnstocher durch die Handschuhe der Skifahrer stecken.

5. Aus Pappe Skier ausschneiden und unter die Figuren kleben. Außerdem bekommt noch jeder Skifahrer einen Schal aus Krepppapier um den Hals gewickelt.

Material

Eisbär
- 1 Klorolle
- Wattekugel, Watte
- Perlen, 1 Büroklammer
- Tonkarton
- 1 langen Faden
- Klebstoff, Schere

Skifahrer
- Klorollen
- Tonpapier, Krepppapier
- Pappe, etwas Wolle
- Zahnstocher
- Filzstifte
- Schere, Klebstoff

Wichtelfrau ☼

1. Die Umrisse der Wichtelfrau auf die Pappe zeichnen. Die Umrisse mit dem Cutter ausschneiden. Dann der Figur ein Gesicht, ein Kleid und eine Schürze malen. Die Farben trocknen lassen.

2. Die Haushaltsrollen und die Klorollen in verschiedenen Farben anmalen. Nach dem Trocknen die Haushaltsrollen als Beine von hinten an die Wichtelfrau kleben. Die Klorollen vorne auf die Schürze kleben.

3. Beidseitig des Gesichts Engelshaar ankleben. Aus Filz eine Mütze ausschneiden und auf den Kopf kleben. Einen Filzschal zuschneiden und der Wichtelfrau um den Hals binden.

4. Unter die Beine noch Schuhe aus schwarzem Tonkarton kleben. Die Frau aufstellen und die Rollen auf der Schürze mit kleinen Geschenken füllen.

Komm heraus, Nikolaus! ☼

1. Einen Streifen Filz zuschneiden, der doppelt so lang wie die Rolle ist. Den Streifen an die Rolle kleben, so dass ein Teil des Filzstreifens oben übersteht.

2. Den Holzstab durch die Rolle stecken und die Wattekugel oben auf das Ende des Stabes kleben. Einen langen schmalen Streifen Filz nehmen und damit den Filzstreifen zwischen Wattekugelkopf und Körperrolle abbinden. Eventuell vorher noch etwas Klebstoff auf den Stab streichen.

3. Einen Streifen Filz als Mütze um den Kopf wickeln, festkleben und oben mit einem Faden zusammenbinden. Der Wattekugel ein Gesicht aufmalen, einen Bart aus Watte und eine Perlennase ankleben.

Material

Nikolaus
- 1 Klorolle
- 1 Holzstab
- 1 Wattekugel, Faden
- Filz, Watte, 1 Perle
- Marabu-BasicColor Farben, Pinsel
- Klebstoff, Schere

Wichtelfrau
- 1 großes Stück Pappe, ca. 40 x 50 cm
- mehrere Klorollen, 2 Haushaltsrollen
- Filz, Engelshaar
- schwarzer Tonkarton
- Klebstoff, Schere, Cutter
- Marabu-BasicColor Farben, Pinsel

Leuchtender Tannenbaum ☼☼

1. Die Rollen so übereinander kleben, dass sie nach oben hin immer schmaler werden und dann eine dreieckige Baumform bilden. Dabei mit einer Haushaltsrolle beginnen und dann bei jeder folgenden Rolle immer ein Stück kürzen.

2. Unter den Baum einen Stamm aus einer weiteren Rolle kleben. Seitlich in die Rolle Halbkreise schneiden, damit der Baum gut auf dem Stamm hält. Zusätzlich von hinten einen stabilen Pappstreifen über den gesamten Baum und den Stamm kleben.

3. Den Baum anmalen und, wenn die Farbe getrocknet ist, diesen mit glitzernden Steinen bekleben. Den Baum aufstellen und die Kerzenhalter seitlich in die Rollen klemmen.

Wichtelmann ☼☼

1. Die große Rolle anmalen. Das obere Drittel der Rolle mit einem Gesicht bemalen, den unteren Teil mit einem roten Mantel.

2. Die Klorollen mit roter Farbe bemalen die beiden Haushaltsrollen mit blauer und am unteren Rand mit schwarzer Farbe. Die Haushaltsrollen als Beine in die Versandrolle kleben. Damit der Klebstoff besser hält, zuerst nur ein Bein ankleben. Wenn der Klebstoff getrocknet ist, die Rolle drehen und das zweite Bein hineinkleben. Dann seitlich an den Mantel die beiden Klorollen als Arme kleben.

3. Rings um das Gesicht des Wichtels einen Wattebart und Haare kleben. Aus Krepppapier einen Streifen zuschneiden und oben um den Kopf kleben. Die Mütze oben mit einer Goldschnur zusammenbinden. Eine rot bemalte Wattekugel als Nase im Gesicht anbringen.

4. Aus gelbem Tonpapier Handschuhe ausschneiden und in den Arme befestigen. Aus schwarzem Tonkarton Schuhe ausschneiden und unter die Beine kleben. Aus Jute ein kleines Päckchen anfertigen, mit Watte füllen und dem Wichtel in die Hand geben.

Material

Tannenbaum
- Haushaltsrollen und Klorollen
- feste Pappe
- Kerzenhalter, Kerzen
- Glitzersteine
- Schere, Klebstoff
- Marabu-BasicColor Farben, Pinsel

Wichtelmann
- 1 große Versandrolle
- 2 Haushaltsrollen, 2 Klorollen
- 1 Wattekugel, Watte
- Krepppapier, etwas Goldschnur, ein Stück Jute
- Klebstoff, Schere
- Marabu-BasicColor Farben, Pinsel

4 Apfelmännchen

1. Filz in passende Streifen schneiden und rings um die Klorollen kleben. Einen Streifen weißes Krepppapier oben in jede Rolle kleben. Auf das Papier mit einem schwarzen Filzstift Punkte malen.

2. In die Äpfel unten jeweils einen Zahnstocher stecken. Mit dem Zahnstocher oben in die Öffnung der Rollen stecken. Je zwei Gewürznelken als Augen in die Äpfel stecken. Mit dem Messer einen Mund in jedes Apfelgesicht schneiden oder Münder mit einem Filzstift aufmalen.

3. Zum Schluss die Kerzen auf die Halter stecken, etwas Engelshaar auf die Äpfel legen und mit den Kerzenhaltern an den Äpfeln feststecken.

Luzia, das Lichtmädchen

1. Der Rolle am oberen Rand ein Gesicht aufmalen. Den unteren Teil mit dem Sternchenpapier bekleben.

2. Aus gelber Wolle Haare zuschneiden und ankleben. An den Seiten auch mit Klebstoff fixieren.

3. Den Styroporkranz zuerst mit grünem Krepppapier umwickeln, dann mit dem Blumendraht kleine Buchsbaumzweige um den Kranz wickeln. Den fertigen Kranz auf den Kopf setzen und mit den 4 Kerzen schmücken. Aus weißem Tonpapier Arme ausschneiden und Hände aufmalen, dann die Arme seitlich an die Figur kleben.

Material

Apfelmännchen
- 4 Klorollen
- Filz in verschiedenen Rottönen
- Krepppapier
- 4 Äpfel, 4 Kerzen, 4 Kerzenhalter
- getrocknete Gewürznelken, Filzstifte
- Engelshaar, Zahnstocher
- Schere, Klebstoff

Luzia
- 1 Versandrolle
- 1 Styroporkranz, der über die Rolle passt
- weißes Papier mit Sternchen, weißes Tonpapier
- Krepppapier, Blumendraht, Wolle
- Buchsbaumzweige oder Tannengrün
- 4 Kerzen mit Halter
- Schere, Klebstoff
- Marabu-BasicColor Farben, Pinsel

Kommt ein Wichtel geflogen ☼☼☼

1. Die Versandrolle mit dem Tonpapier bekleben. Den Boden der Rolle mit dem Tonpapier verschließen. Aus Goldpapier einen Stern ausschneiden und auf die Rolle kleben. Dann mit dem Holzbohrer 4 Löcher in gleichen Abständen rings um den oberen Rand der Rolle bohren.

2. Der Wattekugel ein Gesicht aufmalen und die Kugel dann in die kleinere Rolle kleben. Die Rolle mit Filz bekleben. Außerdem Arme und Handschuhe aus Filz zuschneiden und an die Figur kleben. Aus einem Stück Filz einen Halbkreis ausschneiden, zu einer Mütze aufrollen und an den Kanten zusammenkleben. Den Wichtel mit einem Wattebart und der Mütze ausgestalten.

3. Mit einer Stopfnadel die Goldschnüre durch die vorgebohrten Löcher in der Gondel ziehen, verknoten, dann oben an dem stabilen unteren Rand der Papierlaterne befestigen. Dabei darauf achten, dass die Gondel im Gleichgewicht bleibt.

4. Zum Schluss den Wichtel in die Gondel stellen, die Laterne aufhängen und in der Dämmerung die Kerze in der Laterne anzünden.

Klingelzwerg ☼

1. Die Spitze von der Eierpappe als Nase in das Gesicht der Rolle kleben. Dann das obere Drittel der Rolle und die Nase anmalen.

2. Den Rest der Rolle mit Filz bekleben, unten einen Mantel und oben um den Kopf eine Mütze kleben. Die Mütze später oben mit einem Wollfaden zusammenbinden.

3. Den Filz für den beweglichen Arm auf Pappe kleben, dann den Arm ausschneiden und mit einer Briefklammer an der Rolle befestigen. Von hinten einen Holzstab an den Arm kleben. Das Glöckchen am Handschuh festnähen.

4. Den anderen Arm einfach ausschneiden und fest an den Körper des Zwerges kleben. Einen Schal aus Filz um den Hals binden und zum Schluss Wattehaare ankleben.

Material

Kommt ein Wichtel geflogen
- 1 Stück Versandrolle
- 1 Stück Faxpapierrolle
- 1 Wattekugel, Buntpapier
- Filz, Watte, Filzstifte
- Schnüre, etwas Goldpapier
- 1 Papierlaterne, Stopfnadel
- Klebstoff, Schere, Holzbohrer

Klingelzwerg
- 1 Stück Versandrolle
- eine Spitze aus einem Eierkarton
- Filz, Watte oder Engelshaar
- 2 Holzstäbe, Pappe, Nadel, Faden
- Wollfaden, 1 Briefklammer, 1 Glöckchen
- Klebstoff, Schere, Holzbohrer
- Marabu-BasicColor Farben, Pinsel

Fliegende Engelchen

1. Den Rollen im oberen Drittel ein Gesicht aufmalen. Den Rest der Rollen mit weißem Papier bekleben. Mit dem Cutter waagerechte Schlitze in jede Seite schneiden.

2. Aus dem Krepppapier rechteckige Stücke zuschneiden und wie eine Ziehharmonika falten. Den gefalteten Streifen durch die Schlitze in den Rollen ziehen und an jeder Seite zu einem Flügel ausbreiten.

3. Oben in die Rollen Watte als Haare kleben. Aus weißem Papier Arme ausschneiden und an die Engel kleben. Oben durch den Kopf jeweils einen Faden ziehen und den Engel damit an den Weihnachtsbaum hängen.

Was blüht denn da?

1. Die Klorollen in ungefähr 2 cm breite Streifen schneiden.

2. Einen der Kreise in die Mitte legen, alle anderen Kreise um diesen gruppieren und festkleben.

3. Wenn der Klebstoff getrocknet ist, die Kreise anmalen und mit einem Schleifenband an einem Mistelzweig oder im Tannenbaum aufhängen.

Material

Christbaumblume
- leere Klorollen
- Geschenkband
- Klebstoff, Schere
- Marabu-BasicColor Farben, Pinsel

Engel
- leere Klorollen
- weißes Papier
- Pink Krepppapier
- Watte
- Nadel und Faden
- Schere, Klebstoff, Cutter
- Marabu-BasicColor Farben, Pinsel

Kleiner Sternenengel ☼

1. Rolle mit Buntpapier bekleben. Wattekugeln anmalen. Der großen Kugel ein Gesicht aufmalen und oben in die Rolle kleben.

2. Die beiden kleinen Wattekugeln als Hände auf den Bauch des Engels kleben.

3. Dann noch Haare aus Lametta auf den Kopf kleben und dem Engel einen Stern aus Knete in die Hand geben.

Großer Kerzenengel ☼☼

1. Die Rollen mit Goldspray ansprühen. Aus der einen Rolle in der Mitte einen Halbkreis ausschneiden und auf die stehende Rolle stecken. Mit Geschenkband und Taftband über Kreuz zusammenbinden.

2. Der Wattekugel ein Gesicht aufmalen, das Engelshaar ankleben und unten in den Kopf einen Zahnstocher stecken. Den Zahnstocher in der Mitte der oberen Rolle feststecken.

3. 2 Federn als Flügel hinten in den Engel stecken. Die Kerzenhalter seitlich an die Arme klemmen. Einen Kreis aus Goldfolie oben zwischen die Haare kleben.

Material

Kleiner Sternenengel
- Papprolle
- Wattekugeln, 1 groß, 2 klein
- Lametta, Geschenk-, Buntpapier
- Stern aus Knete, Federn
- Klebstoff, Schere
- Marabu-BasicColor Farben, Pinsel

Großer Kerzenengel
- 2 Haushaltsrollen
- Wattekugel, Engelshaar, 2 Federn
- Geschenkband, Taftband, Goldfolie, Zahnstocher
- 2 Klemm-Kerzenhalter mit Kerzen
- Marabu-do it-Color-Spray in Gold, Filzstifte
- Klebstoff, Schere

Schneller Weihnachtsmann ☼☼

1. Der Wattekugel ein Gesicht aufmalen und diese in die Rolle kleben. Die Rolle mit Filz bekleben, rings um das Gesicht einen Wattebart anbringen.

2. Aus Filz Arme, Beine, Stiefel, Handschuhe und einen Streifen für die Mütze ausschneiden. Die Stiefel an die Beine, die Handschuhe an die Arme und dann an den Körper des Weihnachtsmannes kleben. Die Mütze um den Kopf kleben und oben mit einem Stück Wolle zusammenbinden.

3. Ein rechteckiges Stück Pappe zuschneiden, an beiden Längskanten umknicken und über die kanten Kufen aus Pappe kleben. Eine goldenen Schnur durch den Schlitten ziehen, den Weihnachtsmann auf den Schlitten setzen und losfahren lassen.

Rudi Rentier ☼☼☼

1. Das Stück Versandrolle an die rechteckige Schachtel kleben. Dabei auf das Gleichgewicht achten, denn das Rentier soll später ja alleine stehen können. Sollte es kopflastig sein, kann man zum Ausgleich einen Stein in die Schachtel kleben.

2. Die Klorollen unter die Schachtel kleben. Wenn der Klebstoff getrocknet ist, das Tier mit brauner Farbe anmalen, dabei dem Maul einen etwas helleren Farbton geben. Augen, Nüstern und ein Maul aufmalen.

3. Aus Packpapier Ohren ausschneiden und seitlich an den Kopf kleben. Aus dem goldenen Tonkarton ein Geweih ausschneiden und in der Rolle festkleben.

4. Filzdecken auf das Rentier kleben und zusätzlich mit Blumendraht umwickeln. Ein Stück Sisalschnur als Schwanz anbringen.

Material

Weihnachtsmann
- 1 Klorolle
- 1 Wattekugel, die in die Rolle passt
- Pappe, die sich gut biegen lässt
- Filz, Watte, etwas Wolle, Schnur
- Schere, Klebstoff
- Marabu-BasicColor Farben, Pinsel

Rentier
- 1 Stück Versandrolle
- 2 Klorollen
- 1 rechteckige Schachtel
- Tonkarton (gold)
- Packpapier
- Filz, Blumendraht (gold), Sisa schnur
- Klebstoff, Schere
- Marabu-BasicColor Farben, P nsel

Märchenstadt

1. Die Rollen mit dem weißen Papier bekleben. 2 Rollen mit Goldspray besprühen. Dann die Rollen auf den festen Untergrund kleben. Dabei die goldenen Rollen als Torsäulen verwenden.

2. Aus blauem Tonkarton einen Bogen für das Tor ausschneiden, mit Mond und Sternen bemalen. Dann den Bogen zwischen die beiden goldenen Säulen kleben.

3. Aus Tonkarton Fenster ausschneiden und auf die anderen Rollen kleben. Christbaumkugeln als Kuppeln in die Rollen stecken.

4. Aus der Faxpapierrolle noch eine Palme basteln. Dazu aus einem Stück Tonpapier Palmwedel zuschneiden und an die Rolle kleben. Die Palme vor die Stadt platzieren.

5. Damit die Märchenstadt noch echter wirkt, kann man noch etwas Vogelsand auf den Pappuntergrund streuen.

Könige aus dem Morgenland

1. Passende Zierkürbisse für die Rollen aussuchen und dann anmalen.

2. Den Rollen am oberen Rand Gesichter malen und Haare aus Watte oder Wolle ankleben. Goldband an den oberen Gesichtsrand binden.

3. Den Rest der Rolle mit Stoffresten bekleben. Aus Stoffstreifen für jeden König Arme aufrollen und an den Kanten zusammenkleben oder mit Klebeband umwickeln. Die Arme seitlich an die Körper kleben.

Material

Märchenstadt
- Haushaltsrollen
- 4 leere Klorollen
- Faxpapierrolle, weißes Papier
- feste Pappe, Tonkarton,
- Christbaumkugeln, Goldspray
- Deckweiß, Pinsel
- Schere, Klebstoff

Könige
- Haushaltsrollen
- Zierkürbisse
- Stoffreste, Schleifenbänder
- Klebeband, Watte, Wolle
- Schere, Klebstoff
- Marabu-BasicColor Farben, Pinsel

Weihnachtskrippe

1. Den Rollen im oberen Drittel jeweils ein Gesicht aufmalen.

2. Die Figuren mit Stoffresten bekleben. Arme aus Filz oder Stoff aufrollen und seitlich an die Figuren kleben.

3. Die Schafe mit Watte oder Märchenwolle bekleben. Den Hirten Bärte aus Märchenwolle ankleben.

4. Für das Jesuskind eine kleinere Rolle aus Tonpapier aufrollen, eine Wattekugel als Kopf hineinkleben und einen Heiligenschein aus Goldfolie ankleben. Alle Figuren in einer Obstkiste aufbauen, die vorher als Stall angemalt wurde. Einen goldenen Schweifstern über die Krippe kleben.

Material

Krippenfiguren
- Klorollen
- Stoffreste, Filz, Federn
- Märchenwolle, Wolle, Watte
- Buntpapier, Goldfolie, Wattekugeln
- 1 leere Obstkiste
- Klebstoff, Schere
- Marabu-BasicColor Farben, Pinsel

Herstellerverzeichnis

Farben und Lacke:
Marabuwerke GmbH & Co.
Asperger Straße 4
71732 Tamm
www.marabu-kreativ.de

Impressum

Modelle, Foto und Styling: Sabine Lohf

Lektorat: Regina Sidabras

Umschlaggestaltung: Stefan Hagen

Layout und Produktion: info@amadeus-prepress.de

Druck und Bindung: J. P. Himmer, Augsburg

ISBN 3-89858-863-7
ISBN 978-3-89858-863-8 (gültig ab 1. 1. 2007)